DESMISTIFICANDO O PROCESSO ADMINISTRATIVO ÉTICO-DISCIPLINAR

ESTUDOS SOBRE O ESTATUTO DA ADVOCACIA

CIP-BRASIL. CATALOGAÇÃO NA PUBLICAÇÃO
SINDICATO NACIONAL DOS EDITORES DE LIVROS, RJ

S675d

Soltanovitch, Renata, 1972-
Desmistificando o processo administrativo ético-disciplinar : estudos sobre o estatuto da advocacia / Renata Soltanovitch. - 1. ed. - Mauá [SP] : Letras Jurídicas, 2024.
132 p. ; 21 cm.

Inclui bibliografia
ISBN 9786589565659

1. Ordem dos advogados do Brasil - Estatutos. 2. Advogados - Estatuto legal, leis, etc. - Brasil. 3. Ética jurídica - Brasil. I. Título.

24-88823 CDU: 347.965.8(81)

Meri Gleice Rodrigues de Souza - Bibliotecária - CRB-7/6439

13/03/2024 18/03/2024

RENATA SOLTANOVITCH

Prefácio
Marcos da Costa

Apresentação especial

Luiz Flávio Borges D'Urso
Braz Martins Neto
José Maria Dias Neto
Jorge Eluf Neto e José Nuzzi Neto
Fábio Romeu Canton Filho
Guilherme Magri
Mário de Oliveira Filho
Cristiane Caetano Simões
Alessandra C. B. Ambrogi de Moura
Daniela da Cunha Santos

DESMISTIFICANDO O PROCESSO ADMINISTRATIVO ÉTICO-DISCIPLINAR

Estudos sobre o Estatuto da Advocacia

1ª Edição – 2024 – Mauá - SP

LETRAS Jurídicas

Capa:
@armenioalmeidadesigner

Diagramação e Montagem de Capa:
@armenioalmeidadesigner

Revisão:
Paulo Ribeiro

Editor:
Claudio P. Freire

1a Edição – 2024 – Mauá – SP

LETRAS Jurídicas

Rua Eduardo Prado, 28, Casa 1 – Vila Bocaina
CEP 09310-500 – MAUÁ – SP.
Telefone/Fax (11) 3107-6501 – Celular (11) 9-9352-5354

Site: www.letrasdopensamento.com.br
E-mail: vendas@letrasdopensamento.com.br

Impresso no Brasil

Agradecimentos

Agradeço aos amigos que, de forma acolhedora, fizeram a apresentação deste primeiro volume do livro sobre os temas ligados à advocacia.

Decidi materializar em livro físico, os textos mais baixados que estão disponibilizados no site do escritório Vicente Vieira e Soltanovitch Sociedade de Advogados e que são a soma dos aprendizados durante o período em que atuei no Tribunal de Ética da OAB SP.

Já está sendo preparado o 2º volume deste trabalho e, quem sabe, muitos outros livros físicos em colaboração com outros colegas possam a vir a surgir.

Fica, portanto, o convite.

Desejo que esta primeira edição seja o início de muitos debates sobre os temas aqui envolvidos.

Boa leitura.

Renata Soltanovitch

Apresentação da obra

A ideia de materializar os textos em um livro foi do meu eterno companheiro de jornada e meu marido, Marco Aurélio Vicente Vieira. Um grande advogado criminalista que, ao longo destes quase 27 anos de união, tem sido um motivador de minhas publicações literárias e da minha constante evolução, com questionamentos que me fazem sair da zona de conforto.

Desde o ano de 2001, passei a fazer parte do Tribunal de Ética, iniciando na 3ª Câmara Recursal, capitaneado pela gerente à época, Roseli Lima, quando, então, fui aprendiz dos Relatores João Pedro Palmieri, José Nuzzi Neto, João José Sady, Paulo Roma, Gilda Figueiredo Ferraz de Andrade, Aparecido Inácio, Marco Aurélio Vicente Vieira, Valter Uzzo e muitos outros, que me ensinaram a desmistificar, a entender e a estudar o processo ético-disciplinar e a aplicar o direito com responsabilidade, legalidade e justiça.

Ao longo dos anos, passei a integrar como relatora várias Turmas Disciplinares, inclusive como presidente da V Turma e, no ano de 2018, exerci a Presidência do Tribunal de Ética da OAB/SP, nomeada pelo Presidente da Seccional Paulista, o Dr. Marcos da Costa.

Assim, rendo minhas homenagens a todos os que me ensinaram muito ao longo desta jornada, inclusive e principalmente a gerente Marilda Moreno, chamada apenas de D. Leila, e que conhece o Tribunal de Ética como ninguém, assessorando a todos, em conjunto com sua equipe e gerentes de Turma, de forma cirúrgica e competente.

Minhas eternas homenagens também aos Presidentes de Turmas, relatores, assessores e aos meus antecessores Presidentes do Tribunal de Ética, que tiveram a gentileza de discorrer sobre seu trabalho na apresentação deste livro.

Para todos os (as) colegas que me acompanharam nesta jornada junto ao Tribunal de Ética, só tenho a agradecer.

Aproveito para agradecer aos meus pais Alberto e Henia, que já se encontram em outra dimensão espiritual, ao meu irmão Gabriel e principalmente a Deus, que me deu a oportunidade para mais um aprendizado nesta encarnação.

Obrigada a você, leitor, que está me dando a oportunidade de ter este livro físico em sua biblioteca, e que possamos, juntos, manter a dignidade e a honradez da nossa profissão.

Os textos aqui foram estudados, aprendidos e sua reflexão vem no interesse da busca humana na aplicação do direito e na eterna valorização da advocacia.

BOA LEITURA!

Um grande abraço,

Renata Soltanovitch

Prefácio

Marcos da Costa

Tive a honra de, como Presidente da OABSP, indicar a primeira mulher a presidir o Tribunal de Ética e Disciplina de toda a história da entidade, Renata Soltanovitch. E o fiz não apenas por entender necessário reconhecer a importância das advogadas paulistas, nomeando-as para cargos basilares da OABSP, mas por saber que Renata era uma das pessoas que mais conheciam as questões éticas de nossa profissão, tendo ocupado alguns dos principais postos do Tribunal, e sempre com muita competência.

Esse livro espelha o acerto de minha decisão, abordando a agora Autora Renata alguns dos grandes desafios do controle ético, a começar pelos tipos de infração previstas no Estatuto da Advocacia e suas penalidades, inclusive de exclusão dos quadros da OAB; permeia por questões do processo ético-disciplinar, incluindo a produção de provas, as tutelas, a possibilidade de suspensão preventiva do advogado e os requisitos para que seja decretada, competências, julgamento e a reabilitação, enfrentando ainda a possibilidade de lavratura de termo de ajustamento de conduta - TAC.

Enfim, estou certo de que, por sua abrangência e pela qualidade com que os temas são abordados, o livro se tornará uma referência tanto para jovens advogados e advogadas preocupados em conhecer esse eixo relevante da advocacia - a ética profissional, como para aqueles que, na condição de defensores, relatores, membros do tribunal, de turmas recursais ou dos conselhos secionais e federal, tenham a difícil missão de participar de julgamentos ético-disciplinares da advocacia.

Marcos da Costa
Presidente da OABSP nas gestões 2013 a 2018

Apresentação Especial

Prof. Dr. Luiz Flávio Borges D'Urso

Com muita honra, recebi o gentil convite da **Dra. RENATA SOLTANOVITCH** para prefaciar este seu livro. A Dra. Renata é Mestre em Direito pela Pontifícia Universidade Católica de São Paulo - PUC SP, com a Dissertação "Das Relações Sociais em Direito", brilhantemente defendida em maio de 2006.

Advogada militante das mais competentes, possui Especialização pela Escola Superior de Advocacia - ESA/SP, concentrando seus estudos e pesquisas nas áreas do Direito Processual Civil, do Direito de Entretenimento e da Comunicação Social.

A atuação profissional da Dra. Renata como advogada no Contencioso Cível a levou a fundar o Escritório de Advocacia Vicente Vieira & Soltanovitch Sociedade de Advogados, juntamente com seu marido, o ilustre advogado Marco Aurélio Vicente Vieira.

No âmbito da vida associativa, a Dra. Renata teve e tem um importante papel de defesa da cidadania e dos interesses da classe, desenvolvido na Ordem dos Advogados do Brasil – OAB/SP, o que a levou a ocupar a cadeira de Conselheira da OAB/SP de 2016 a 2018 e de Membro do Tribunal de Ética e Disciplina de nossa entidade, chegando a presidir este nosso importante Tribunal de Ética, de modo que a ilustre autora preenche todos os requisitos para escrever esta obra de fôlego e de interesse, não só dos profissionais, mas também dos estudantes de Direito e de vários segmentos da sociedade.

Por tudo isto, registro minha honra em receber o convite para prefaciar este trabalho da lavra de uma profissional que tem se revelado um ser humano diferenciado, marcado pela ética, pela humildade e pela retidão.

Confesso que sempre tive um carinho especial pela nossa OAB/SP e um extremo respeito para com todos os colegas que com ela colaboram. Sou inscrito na OAB/SP há mais de 40 anos, tendo dela participado ativamente durante estas quatro décadas. Integrei muitas Comissões, o Tribunal de Ética e Disciplina, a Diretoria, até chegar, por três vezes eleito, à Presidência da nossa OAB/SP.

Essa experiência associativa que obtive propiciou o contato com jovens que, desde cedo, assumem o compromisso com a classe e com os valores maiores de nossa profissão; assim se deu com a estimada Dra. Renata e com seu marido o Dr. Marco Aurélio.

A Dra. Renata muito colaborou durante as minhas três gestões na Presidência da OAB/SP, ocupando, como já apontado, inúmeros cargos de importância e relevo na condução dos destinos de nossa classe.

Especialmente no Tribunal de Ética e Disciplina, a Dra. Renata foi sua Presidente em 2018, tendo sido Vice-Presidente da Turma Deontológica - TED I - Seccional São Paulo – de 2022 a 2023; também foi Relatora 4ª

Câmara Recursal e Presidente da V Turma do Tribunal de Ética. Foi Relatora da V Turma deste Tribunal e também foi Assessora dos Relatores da 4ª Câmara Recursal, além de Relatora da 3ª Câmara Recursal em diversos períodos.

Sua trajetória, nunca é demais repetir, principalmente aos jovens, foi repleta de desafios e de superação com muita determinação. Desde o seu início profissional, acalentou sonhos e ambição para lutar e construir uma carreira sólida.

Por todos esses anos, colecionou experiências valiosíssimas, especialmente em sua atividade de julgadora no Tribunal de Ética e Disciplina da OAB/SP, o que nesta obra divide com os colegas de carreira, com os apaixonados pela profissão.

Na verdade, esse é o grande segredo de nossa profissão e sempre repito: apaixone-se pela advocacia e nunca mais irá trabalhar, pois tudo será imenso prazer, uma vez que se trata da mais linda das profissões!

Em contato com a obra, minha satisfação foi ainda maior. Já no primeiro capítulo, "Desmistificando o processo ético-disciplinar", a autora enfrenta a questão ética e a necessidade de seu controle pela entidade, revelando a importância deste processo administrativo. No capítulo seguinte aborda "As infrações e sanções disciplinares", ensinando o que se pode e o que não se pode fazer no exercício da advocacia. No terceiro capítulo, uma novidade, "TAC - Termo de ajustamento de conduta", instituto novo e muito eficaz. No capítulo seguinte, "A produção de provas", pois sem as provas não pode existir julgamento, tampouco defesa.

No capítulo quinto, "A reincidência em infração disciplinar" é abordada com didática, demonstrando os efeitos da reiteração da infração ética. As punições são tratadas nos dois capítulos seguintes, "Da suspensão preventiva do advogado" e "Da exclusão do advogado dos quadros da OAB", punições bastante severas que precisam do devido processo legal e da ampla defesa para serem aplicadas. A autora não se descuidou dos recursos no capítulo "Da revisão de julgamento" e, por derradeiro, no âmbito processual, versou sobre "A reabilitação".

Ao finalizar a obra com um importante rol de fontes bibliográficas, que revelam a intensa pesquisa e zelo tido pela autora, a Dra. Renata enfatiza o que se protege com a Ética e o com o respectivo processo disciplinar, abordando "As tutelas".

Por fim, este livro é mais uma contribuição agradável e necessária para as letras jurídicas do Brasil, atendendo a todos, dos estudantes aos mais experientes profissionais. Cumprimento, desta feita, a autora Dra. Renata Soltanovitch pelo belíssimo trabalho e desejo a todos uma boa leitura, que contribuirá para compreensão deste tema tão importante.

Prof. Dr. Luiz Flávio Borges D'Urso

Advogado Criminalista, Presidente da Ordem dos Advogados do Brasil – Secção de São Paulo (OAB/SP) por três gestões (2004 a 2012), Mestre e Doutor em Direito Penal pela USP, Presidente da Academia Brasileira de Direito Criminal (ABDCRIM) e Presidente de Honra da Associação Brasileira dos Advogados Criminalistas (ABRACRIM).

Apresentação Especial

Braz Martins Neto

A importância do processo ético-disciplinar para o Advogado

Dra. Renata Soltanovich nos brinda com uma verdadeira cartilha sobre Ética Profissional, para o bom e correto desempenho do Advogado no exercício da profissão, a única, aliás, referida na Carta Magna, em seu artigo 133, ao lhe reservar a atribuição indispensável à administração da Justiça.

De início, desmistifica o processo ético-disciplinar, enfatizando sua essência e o objetivo perseguido, em um ambiente que permite a ampla defesa, em que não se busca a simples punição do Advogado em decorrência de conduta faltosa com a ética inerente à função. Mais do que isso, o processo disciplinar visa a proteção da imagem da Advocacia, alcançando esse objetivo, seja pela absolvição do Advogado acusado, ou sua condenação, à luz do elenco fático e probatório.

Os diversos capítulos caminham pelos meandros processuais, cujo elenco dá a exata compreensão do começo, meio e fim de um procedimento administrativo a cargo de uma das Turmas do Tribunal de Ética e Disciplina de qualquer das Seccionais da Ordem dos Advogados do Brasil.

Trata-se de um trabalho primoroso, a ser lido por todo Advogado, especialmente por aquele que milite no dia a dia, tomando consciência da existência de um eficaz mecanismo de defesa da imagem da classe.

Dra. Renata Soltanovich tem um notável histórico que enriquece sua experiência, integrando o Tribunal de Ética como relatora de processos disciplinares, presidindo Turmas Julgadoras, formulando votos na Turma Deontológica e, consagrando seu destaque, presidindo o Tribunal de Ética e Disciplina da Seccional da Ordem dos Advogados do Brasil do Estado de São Paulo.

É com esse ânimo incontido que convido todos a lerem esta obra, com o registro da gratidão que a Advocacia deve render à sua Autora.

Braz Martins Neto

(Presidente TED gestão 2004/2007)

Apresentação Especial

José Maria Dias Neto

Uma vez mais honra-nos a ilustre Autora com o privilégio de antecipadamente tomar conhecimento de criteriosa obra.

Os temas são interessantes e oportunos a todos, principalmente àqueles que militam nos Tribunais de Ética e essencialmente que necessitarem enfrentar questões tão especificas.

O trabalho segundo nos relata, trata-se de uma verdadeira coletânea de suas publicações já realizadas em seu "site" e feitas após criteriosos estudos que bem demonstram o seu conhecimento específico, fruto inclusive da sua própria experiência, quer como Presidente de laboriosa Turma do Tribunal de ética da O.A.B.SP., quer como competente e sempre lembrada ilustre advogada que foi a primeira mulher a dirigir o próprio TED-SP., com singular competência.

As teses tratadas certamente servirão de valiosos subsídios a todos os colegas, especialmente àqueles que desenvolvem trabalhos tão importantes como julgadores desse próprio e especial Tribunal e a todos quantos ali exercerem a nossa profissão.

O processo ético/disciplinar "tramita em sigilo, até seu término, só tendo acesso às suas informações as partes, seus defensores e a autoridade judiciária competente". (art.º 72, § 2º, do Estatuto – Lei Federal n.º 8.906/94).

Este humilde "apresentador" teve também a honra de presidir tão importante TED-SP., e lá contar com a ilustre Autora dirigindo uma de suas Turmas. Se temos conhecimento próprio para registrar a capacidade e competência da ilustre Escritora, não poderia também, deixar de anotar o muito bem estruturado Tribunal, o grande número de ilustres colegas que se dedicam incansavelmente como componentes julgadores e outro fato muito importante, a reconhecida capacidade e dedicação de todos os seus funcionários, realmente uma Corte perfeitamente estruturada que certamente faz um trabalho digno de reconhecimento. Dediquei (e dedico) a minha vida as coisas da classe. Fui por vários mandatos Presidente Subseccional, fui por sete vezes Conselheiro Seccional, fui Secretário Geral Adjunto e por mais outros dois mandatos pertenci à Diretoria da Seccional, como Tesoureiro, mas grande honra, devo ressaltar, o fato de ter sido Presidente do TED-SP.

Parabéns à Autora pelo excelente trabalho desenvolvido.

São Paulo, fevereiro de 2024.

José Maria Dias Neto – Advogado

Apresentação Especial

Jorge Eluf Neto

José Nuzzi Neto

O cuidado com a ética está inscrito no juramento do advogado, é uma promessa solene a si mesmo, aos colegas e à sociedade que integra. Não se conceberia um múnus, tido como essencial à administração da justiça, que não se orientasse por regras deontológicas. Como já teve ensejo de ensinar Fábio Konder Comparato, a *"vida ética é fundada em valores que supõem a liberdade de escolha e criam deveres de conduta"*.

Na definição de ANTONIO ARNAUT, *"a deontologia é o conjunto das regras ético-jurídicas pelas quais o advogado deve pautar o seu comportamento profissional e cívico"* (in "Iniciação à Advocacia" – COIMBRA EDITORA – 4ª edição – 1999 – pág. 49).

Em terras brasileiras, coube ao Instituto dos Advogados de São Paulo a aprovação do primeiro Código de Ética Profissional, em 4 de agosto de 1921. Elaborou-o Francisco Morato, a obra repercutiu e foi, mesmo, oferecida pelo Instituto dos Advogados Brasileiros à consideração da Ordem dos Advogados do Brasil, criada em 1931.

Aprofundou-se a discussão e o Conselho Federal aprovou, em 25 de julho de 1934, o Código de Ética Profissional, que vigorou desde 15 de novembro do mesmo ano até 1º de março de 1995, quando se publicou o Código aprovado pelo Conselho Pleno da OAB em fevereiro desse ano.

Ao assumirmos o honroso encargo de presidir o Tribunal de Ética e Disciplina da OAB/SP, em 2001, por nomeação do Presidente da OAB SP, Doutor Carlos Miguel Aidar, e aprovação do Conselho Seccional, tínhamos consciência dessa evolução e, pois, da dimensão da honra e do desafio: já à época, eram cerca de 200 mil os inscritos na Seccional.

Havia, decerto, como ainda há, um núcleo imutável, admiravelmente expresso no Preâmbulo introdutório ao Código de Ética de 1995, acima referido. Surgiam, porém, como reflexo das transformações sociais, novas demandas, que impunham o aperfeiçoamento da instituição.

Assim, mantida a essencial Seção Deontológica, sob a condução segura do ilustre Professor Robison Baroni, ocasião em que se complementou a publicação dos dez volumes de julgados, servindo de autêntico guia da boa conduta na advocacia, ao mesmo tempo deu-se prosseguimento à descentralização das Turmas Disciplinares, criando-se as de São Bernardo do Campo, Araraquara e Sorocaba, além das três preexistentes turmas disciplinares da Capital.

Também, e pioneiramente, com resolução aprovada pelo Conselho Seccional da OAB/SP em 19 de agosto de 2002, que contou com a inestimável contribuição do insigne Conselheiro José Nuzzi Neto, disciplinou-se a atividade *pro bono,* hoje regulada por provimento do Conselho Federal.

Para encerrar, consigno a certeza de que o TED persistirá na rota certa até hoje seguida, com firmeza assim nas orientações deontológicas como atenção aos desvios disciplinares.

Jorge Eluf Neto

(Presidente do TED – Gestão 2001/2003)
texto em colaboração com **Dr. José Nuzzi Neto**

Apresentação Especial

Fábio Romeu Canton Filho

A ética permeia a sociedade e deve ser entendida como princípio absolutamente indistinto. Assim como a ética geral alcança todos os indivíduos, a ética profissional deve ser observada, indistintamente, em todas as atividades. Ético é aquele que se comporta em sociedade ciente da condição de cidadão do outro e da sua própria, a valer tal princípio para advogados, jornalistas, marceneiros, médicos, comerciantes ou qualquer outro profissional.

Prescindir da ética é ferir a cidadania – e ressalte-se que não existem duas éticas. O cidadão, no exercício profissional ou no convívio social, não pode desprezar a palavra empenhada, não pode abusar da confiança de ninguém, não pode se apossar indevidamente de propriedade alheia, não deve mentir, seja ele engenheiro químico ou barbeiro, contabilista ou jogador de futebol.

Cada carreira profissional, no entanto, comporta regramentos específicos, peculiaridades normativas que ordenam a boa prática laboral. No caso dos advogados, tais comandos estão albergados no Código de Ética e Disciplina da OAB e no Estatuto da Advocacia, que se fazem cumprir, *interna corporis*, pelos Tribunais de Ética e Disciplina das Secionais da Ordem dos Advogados do Brasil.

Os Tribunais de Ética, muito mais do que eventual função punitiva, têm a missão de salvaguarda da advocacia, dela extirpando aqueles que eventualmente se afastam dos princípios éticos norteadores da profissão.

O Tribunal de Ética de Disciplina da OAB de São Paulo conta, inclusive, com a primeira e única turma de orientação profissional do Brasil, com firme e permanente contribuição para a construção normativa dos imperativos ético-profissionais a serem observados pela advocacia, por meio de pareceres elaborados como resultado de consultas específicas formuladas pela advocacia.

Ao tempo em que presidi o Tribunal de Ética e Disciplina da seccional paulista da Ordem dos Advogados do Brasil, no triênio 2007/2009, pude constatar, como espectador privilegiado, a relevância da turma deontológica.

Também tive a oportunidade de dar continuidade ao necessário processo de expansão e descentralização das turmas disciplinares, com a criação de ao menos cinco novas turmas no Estado de São Paulo, sempre buscando atender cada vez melhor a advocacia paulista.

Faço o registro de que todo o trabalho desenvolvido pelo Tribunal de Ética e Disciplina de São Paulo conta com a participação de dedicados funcionários e a colaboração de milhares de advogados que, de forma graciosa, exercem com excelência funções de relatores, instrutores, assessores e defensores.

Nesse contexto, oportuna a obra da Dra. Renata Soltanovitch, primeira mulher a presidir o TED da OABSP, com uma abordagem precisa e didática, envolvendo não apenas temas de ordem material, mas especialmente aspectos processuais relativos aos procedimentos disciplinares.

É, de fato, uma obra indispensável aos advogados e aos estudantes de direito.

Fábio Romeu Canton Filho

Advogado, Presidente do Tribunal de Ética e Disciplina da OAB-SP (2007/2009), Presidente da Caixa de Assistência dos Advogados de São Paulo (2010/2015),

Vice-Presidente da OAB/SP (2016/2018)

Apresentação Especial

Guilherme Magri

Bem-vindos a esta jornada através das páginas do livro escrito pela Dra. Renata Soltanovitch, uma figura notável que quebrou barreiras e deixou sua marca na história como a primeira mulher a presidir o maior Tribunal de Ética e Disciplina da Ordem do Advogados do Brasil – Secional São Paulo, onde estou hoje no cargo de Presidente deste Tribunal, capitaneado pela gestão da primeira mulher a Presidir a OAB Paulista, Dra. Patrícia Vanzollini.

Neste livro, adentrou no complexo mundo do processo disciplinar, um instrumento essencial para assegurar o devido processo legal, a ética e o bom funcionamento do sistema disciplinar. Ao longo destas páginas, explorou os princípios, as práticas e os desafios envolvidos no processo ético-disciplinar, destacando sua importância.

O processo disciplinar é crucial para a preservação da advocacia, a confiança pública e os padrões éticos da advocacia. Ao responsabilizar os advogados por condutas inadequadas e promover a conformidade com as regras profissionais, o processo disciplinar desempenha um papel fundamental na manutenção de uma profissão jurídica sólida e respeitável.

Embora a ética nos preceitos institucionais do direito seja uma parte crucial no exercício da advocacia, é possível que tenha recebido menos atenção acadêmica nas faculdades de direito.

Esta obra representa uma oportunidade para que os estudantes de direito e advogados interessados possam preencher essa lacuna e contribuir para uma compreensão mais abrangente do tema.

Como atual Presidente do Tribunal de Ética da Seccional Paulista, nos foi possível transformar o acervo físico em digital, facilitando aos advogados o acesso ao processo, sem se deslocar até a Turma, transformando as sessões de julgamento em híbridas, para que os advogados pudessem também sustentar oralmente suas razões através da plataforma.

Neste ano de 2024, por conta da demanda, instalamos uma Turma especializada para julgar os processos cuja matéria esteja ligada a publicidade, de acordo com o Provimento 205/2021 expedido pelo Conselho Federal.

Somos no total de 28 Turmas, sendo que a Primeira Turma é a Deontológica e as demais disciplinares. Há também as Comissões de Ética, sendo todos subordinados a Presidência do TED.

Mas cabe aqui ressaltar ao leitor que todos aqueles que participam ativamente da OAB, da Presidência aos membros de Turma, são voluntários e se você tiver interesse em ser um, convido a acessar o site da OABSP para conhecer as comissões.

Guilherme Magri

Presidente TED (2022/2024)

Apresentação Especial

Mário de Oliveira Filho

Estou na defesa das prerrogativas da Advocacia desde 1979, quando iniciei minha carreira profissional, e com esse trabalho presidi a Comissão de Direitos e Prerrogativas da OABSP e, depois, a Comissão Nacional de Prerrogativas da Associação Brasileira de Advogados Criminalistas – ABRACRIM durante esse longo caminho, desde o início, entendi a importância da ética no exercício da profissão.

A ética garante as prerrogativas, as duas estão umbilicalmente ligadas, sem uma, a outra não existe.

Ao contrário do que se pensa, os TEDs não são para punir advogados, mas para resguardar a Advocacia daqueles desrespeitadores das normas de conduta, prejudicando, individualmente, cada profissional e desmoralizando a classe, pondo, ainda, em xeque, as nossas prerrogativas e os nossos direitos.

A Renata Soltanovich, ao presidir o TED da OABSP, em 2018, o conduziu com essa preocupação de salvaguardar a Advocacia, e, concomitantemente, alicerçar a defesa intransigente das prerrogativas e dos direitos da classe.

A obra “Desmistificando o Processo Ético-Disciplinar” tem importância na demonstração didática de seus objetivos garantidores de um corpo eticamente são, composto por quase um milhão e meio de profissionais no país, que se mantém em conduta condizente com a importância do nosso ofício de múnus público exercido em gabinete privado.

Mário de Oliveira Filho

Advogado Criminalista

Apresentação Especial

Cristiane Caetano Simões

O processo administrativo instaurado perante os Tribunais de Ética e Disciplina é o meio pelo qual a Ordem dos Advogados do Brasil apura e julga as infrações éticas cometidas por advogados no exercício de suas atividades profissionais. De plano, verifica-se tratar de um instrumento fundamental para, de um lado, punir aqueles que se distanciam da ética profissional e, de outro, preservar a dignidade da advocacia e a credibilidade da Ordem dos Advogados do Brasil.

Desse contexto extrai-se a importância de se debater as questões relacionadas ao Processo Disciplinar. No dia a dia das Turmas Disciplinares, é possível notar a pouca intimidade com o tema por parte de muitos advogados, especialmente daqueles que se veem representados pela prática de infrações ético-disciplinares.

Tendo atuado como colaboradora da XX Turma Disciplinar desde a sua instalação – e, atualmente, na qualidade de presidente – notamos que as dificuldades enfrentadas pelos advogados no âmbito do processo disciplinar recaem, especialmente, nas questões relacionadas ao rito e às suas especificidades.

Com efeito, o Estatuto da Advocacia e OAB firmou diretrizes procedimentais que demandaram regulamentação, não só pelo Código de Ética e Disciplina da OAB, mas também pelo Regimento Interno do Tribunal de Ética e Disciplina, e, ainda, por Provimentos, Resoluções e Instruções Normativas. Além disso, frise-se a aplicação subsidiária do Código de Processo Penal aos processos sancionadores instaurados perante a Ordem dos Advogados do Brasil.

Daí porque a presente obra é absolutamente necessária. A autora, profunda conhecedora do tema – não só do ponto de vista teórico, mas, sobretudo, do ponto de vista prático –, traz uma abordagem detalhada e um olhar crítico, com novos *insights* e contribuições significativas sobre os principais pontos de tensão entre as determinações legais e a aplicação das normas no bojo do procedimento. Sua escrita é clara e fluida, o que torna o conteúdo acessível para o público. Ademais, a completude da obra merece ser destacada, na medida em que a autora explora todos os pontos relacionados à punição disciplinar no âmbito da OAB – tanto aqueles relativos às normas de natureza material quanto aqueles relativos às normas de natureza processual – partindo da premissa de que o processo ético-disciplinar merece ser desmistificado. O objetivo foi, definitivamente, alcançado.

A obra é, sem dúvida, referência importante para estudantes, pesquisadores e, principalmente, profissionais que se deparam com a prática dos processos disciplinares.

Cristiane Caetano Simões

Apresentação Especial

Alessandra C. B. Ambrogi de Moura
Daniela da Cunha Santos

Com enorme alegria, fomos presenteadas com o convite feito pela Dra. Renata Soltanovitch para prefaciar uma obra tão importante – "Desmistificando o processo ético disciplinar".

Ao longo de nossas carreiras, somos brindadas com inúmeras circunstâncias e situações que nos alegram e engrandecem, mas, sem sombra de dúvidas, esta é uma daquelas que superam as alegrias cotidianas.

O tema do livro é um convite aos leitores, em especial aos advogados militantes, para um aprofundamento absolutamente necessário nos temas éticos e disciplinares, pois esse é um assunto importante que deve pautar a conduta desses profissionais.

No decorrer da leitura da obra, o leitor terá a oportunidade de encontrar um conteúdo de alto nível, tratado com absoluta clareza, o que facilitará imensamente a compreensão da temática.

As páginas a seguir traduzem a experiência da autora no universo da ética disciplinar e do comportamento esperado por toda a sociedade daqueles que ingressam e atuam na advocacia.

Parabenizamos a Dra. Renata Soltanovitch pela singularidade na abordagem do tema, pela qualidade e clareza dos assuntos abordados, compartilhando a certeza do sucesso desta obra e absoluto entusiasmo dos leitores.

Expressamos nossa imensa gratidão por essa oportunidade, desejando enorme sucesso à autora.

Convidamos todos a essa excelente leitura.

Alessandra C. B. Ambrogi de Moura

Advogada. Mestra em Direito pela Pontifícia Universidade Católica de São Paulo. Conselheira Secional e Corregedora do Tribunal de Ética e Disciplina da OABSP.

Daniela da Cunha Santos

Advogada. Mestra em Direito pela Universidade Santa Cecília (UNISANTA) – Santos/SP. Conselheira Secional e Corregedora-Adjunta do Tribunal de Ética e Disciplina da OABSP.

Sumário

– TEXTO I –

Desmistificando o Processo Disciplinar no Tribunal De Ética da OAB

Distribuição da reclamação

Desde que não seja através de uma denúncia anônima, qualquer pessoa física ou jurídica poderá protocolar uma reclamação por escrito, requerendo providências junto à OAB para apuração da conduta de um advogado, conforme dispõe o § 2º do artigo 55 do Código de Ética.

> Art. 55. O processo disciplinar instaura-se de ofício ou mediante representação do interessado.
> § 1º A instauração, de ofício, do processo disciplinar dar-se-á em função do conhecimento do fato, quando obtido por meio de fonte idônea ou em virtude de comunicação da autoridade competente.

> § 2º Não se considera fonte idônea a que consistir em denúncia anônima.

Cabe aqui ressaltar que os fatos não necessariamente precisam envolver uma relação profissional com o advogado, ou seja, entre ele e seu cliente, mas também podem dizer respeito ao seu comportamento com outro colega, com a parte contrária, com um familiar, com a sociedade, com uma autoridade policial ou judicial, ainda que, neste último caso, seja necessária a intervenção da Comissão de Direitos e Prerrogativas.

A reclamação também pode ser feita de ofício, ou seja, pela própria Turma Disciplinar ou Câmara Recursal, que, no decorrer da análise de um processo disciplinar em trâmite, constatar a existência, em tese, de outra infração disciplinar.

Neste sentido, o Código de Ética:

> Art. 55. O processo disciplinar instaura-se de ofício ou mediante representação do interessado.
> § 1º A instauração, de ofício, do processo disciplinar dar-se-á em função do conhecimento do fato, quando obtido por meio de fonte idônea ou em virtude de comunicação da autoridade competente.

Destacamos esses trechos pela importância da deflagração do início da reclamação feita por qualquer interessado ou até mesmo pela própria OAB, o que inclui também o Tribunal de Ética, como dito alhures, e a Comissão de Direitos e Prerrogativas.

A reclamação é protocolada em qualquer Subseção da OAB ou na própria Seccional. No site de Internet da OAB – link Tribunal de Ética – há a possibilidade de enviar a denúncia pela plataforma ou ainda via e-mail.

Em seguida, a reclamação será distribuída para uma das Turmas Disciplinares, conforme determina o artigo 56 do Código de Ética.

> Art. 56. A representação será formulada ao Presidente do Conselho Seccional ou ao Presidente da Subseção, por escrito ou verbalmente, devendo, neste último caso, ser reduzida a termo.
> Parágrafo único. Nas seccionais cujos Regimentos Internos atribuírem competência ao Tribunal de Ética e Disciplina para instaurar o processo ético disciplinar, a representação poderá ser dirigida ao seu Presidente ou será a este encaminhada por qualquer dos dirigentes referidos no caput deste artigo que a houver recebido.

Sua distribuição observará o determinado no artigo 70 do Estatuto da Advocacia, ou seja, ocorrerá no local onde tenha ocorrido a suposta infração disciplinar.

> Art. 70. O poder de punir disciplinarmente os inscritos na OAB compete exclusivamente ao Conselho Seccional em cuja base territorial tenha ocorrido a infração, salvo se a falta for cometida perante o Conselho Federal.

Embora haja o entendimento de que a competência da tramitação é relativa, principalmente se não houver prejuízo na defesa do advogado, cabe ao interessado atentar-se às Resoluções do Tribunal de Ética da sua Seccional e, principalmente, ao respectivo Regimento Interno, que poderá dispor, para facilitar o trâmite processual, de algumas deliberações não só de competência, mas de impedimento e suspeição dos relatores e da própria Turma Disciplinar.

Entretanto, essas Resoluções jamais podem dificultar a defesa do representado, o seu contraditório e a ampla defesa, bem como as normas legais do Estatuto da Advocacia e o Código de Ética.

Representação de advogado x advogado

Quando se tratar de representação feita por um advogado contra colega advogado, deverá ser observado o Provimento n. 83/96 do Conselho Federal, isto é, a designação de uma audiência de tentativa de conciliação entre as partes.

> O Conselho Federal da Ordem dos Advogados do Brasil, no uso de suas atribuições legais e regulamentares, e tomando em consideração o que decidido no Processo CP 4.126/96,
> Resolve baixar o seguinte Provimento:
> Art. 1º. Os processos de representação, de advogado contra advogado, envolvendo questões de ética profissional, serão enca-

> minhados pelo Conselho Seccional diretamente ao Tribunal de Ética e Disciplina, que:
> I - notificará o representado para apresentar defesa prévia;
> II - buscará conciliar os litigantes;
> III - acaso não requerida a produção de provas, ou se fundamentadamente considerada esta desnecessária pelo Tribunal, procederá ao julgamento uma vez não atingida a conciliação.
> Art. 2º Verificando o Tribunal de Ética e Disciplina a necessidade de instrução probatória, encaminhará o processo ao Conselho Seccional, para os fins dos artigos 51 e 52 do Código de Ética e Disciplina.
> Art. 3º Este Provimento entra em vigor na data de sua publicação.

Assim, ao advogado que representa contra um outro colega, é recomendável que se faça uma tentativa de conciliação. Porém, se o advogado representante não tiver interesse em conciliar, por qualquer motivo, que, então, em sua petição, já faça uma manifestação do seu desinteresse na mencionada audiência, evitando, assim, alegação de nulidade do processo por inobservância do referido provimento.

Porém, alguns pontos devem ser observados:

(i) Esta nulidade é sanável a qualquer momento; inclusive, se verificada pelo Relator da Câmara Recursal (leia-se, segunda instância) a inobservância do provimento, nada impede que converta o feito em diligência para retornar os autos à origem, para designação da referida audiência.

(ii) É desnecessária a tentativa de conciliação quando o advogado representante ou até mesmo o representado já manifestar desinteresse na audiência na sua peça inaugural, para que o mérito seja julgado.

Instauração do processo disciplinar

O artigo 72 do Estatuto da Advocacia se utiliza da expressão "instaurar", a meu ver, de forma equivocada, já que o Processo Disciplinar se instaura apenas com o despacho do Relator-Presidente de uma das Turmas Disciplinares do Tribunal de Ética e Disciplina, após verificada a presença dos pressupostos de admissibilidade.

> Art. 72. O processo disciplinar instaura-se de ofício ou mediante representação de qualquer autoridade ou pessoa interessada.

Portanto, nesse momento, o processo disciplinar apenas se inicia, até porque a sua instauração, despachada pelo Presidente da Turma, acarreta, como consequência importante, a interrupção do prazo prescricional, conforme dispõe o § 2º do artigo 43 do Estatuto da Advocacia.

> Art. 43. A pretensão à punibilidade das infrações disciplinares prescreve em cinco

> anos, contados da data da constatação oficial do fato [...]
> § 2º A prescrição interrompe-se:
> I - pela instauração de processo disciplinar ou pela notificação válida feita diretamente ao representado;

Portanto, com o protocolo da reclamação, autua-se, na realidade, uma representação contra o referido advogado denunciado, inicialmente apreciada pelo Relator-Presidente da Turma Disciplinar, que poderá, conforme determina o Regimento Interno do Tribunal de Ética e Disciplina da OAB/SP (TEDSP)[1], no parágrafo 2º do artigo 25, entre diversas outras atribuições:

> (i) determinar que a representação seja reduzida a termo e/ou aditada, ou, ainda, que o representante promova a juntada aos autos de documentos que porventura sejam necessários à apreciação da representação;
>
> (ii) solicitar, quando julgar necessário, esclarecimentos preliminares de qualquer das partes, concedendo-lhes o prazo de 15 (quinze) dias úteis para manifestação;
>
> (iii) designar, quando entender necessário, audiência preliminar de tentativa de conciliação;
>
> (iv) designar Assessor ou Relator, a quem competirá emitir parecer pelo arquivamento liminar de representação ou opinar pelo prosseguimento do processo disciplinar.

1. Observe o leitor que o Tribunal de Ética da OAB/SP possui regimento interno, aprovado no início do ano de 2019.

Sendo negativos os pressupostos de admissibilidade da representação, o Assessor ou Relator deverá propor ao Presidente da Turma Disciplinar o seu indeferimento liminar e consequente o arquivamento daquela reclamação. Desta decisão de indeferimento liminar, cabe recurso à Câmara Recursal (2ª instância) pelo representante.

Há de se observar que, na hipótese supra, em que se o Presidente da Turma entender que é caso de indeferimento liminar da representação, ele deve remeter os autos ao Presidente do Conselho Seccional – leia-se, o Presidente da Seccional OAB –, para adoção dessa medida, ou seja, a do arquivamento da representação, conforme determina o artigo 73, § 2º, do Estatuto da Advocacia.

> Art. 73. Recebida a representação, o Presidente deve designar relator, a quem compete a instrução do processo e o oferecimento de parecer preliminar a ser submetido ao Tribunal de Ética e Disciplina.
> § 2º Se, após a defesa prévia, o relator se manifestar pelo indeferimento liminar da representação, este deve ser decidido pelo Presidente do Conselho Seccional, para determinar seu arquivamento.

Com o arquivamento liminar e a ausência de recurso, o processo sequer é instaurado e, portanto, não deve ficar anotado na Ficha de Antecedentes Disciplinares do advogado, já que houve só uma reclamação sem a apuração e/ou constatação de infração disciplinar.

Indício de ocorrência de infração disciplinar

No entanto, se houver indício de ocorrência de infração disciplinar, o Assessor ou Relator designado deverá elaborar um parecer preliminar e fundamentado, contendo a descrição dos fatos e, em tese, a respectiva infração cometida, para que o Presidente da Turma Disciplinar, após leitura atenta deste parecer e dos esclarecimentos feitos anteriormente pelas partes, declare INSTAURADA a representação disciplinar contra o advogado representado.

O Assessor ou Relator não precisa enquadrar a infração disciplinar de forma definitiva. Apenas deverá nortear, pelos fatos ensejadores da representação e os documentos que possuir nos autos, a eventual e em tese infração cometida, para facilitar a defesa do advogado representado.

Porém, o assessor ou relator deve ser o mais fiel possível ao resumo dos fatos e à indicação da infração cometida, sob pena de ensejar nulidade processual, uma vez que o objetivo é facilitar a defesa do advogado representado.

Daí porque a figura do Assessor ou Relator que profere parecer de admissibilidade é de suma importância, devendo esse profissional ser estudioso do tema, para evitar causar prejuízo à defesa e até mesmo ao processo como um todo.

Mais uma vez, ressalto a importância do bem fundamentado parecer de admissibilidade de uma representação, já que será neste momento que o advogado representado terá um direcionamento para se guiar em sua defesa.

Pois bem. Instaurado o processo disciplinar pelo Presidente da Turma Disciplinar, o advogado denominado querelado é intimado[2] para que, no prazo de 15 (quinze) dias úteis[3], ofereça sua defesa prévia, juntando provas e rol de testemunhas, com o limite de 5 nomes.

As referidas testemunhas deverão ser trazidas à audiência pelas próprias partes, salvo se justificarem a necessidade de que sejam intimadas via Turma Disciplinar, conforme o Regimento Interno do Tribunal de Ética da OAB/SP.

> Art. 62. O representante e o representado incumbir-se-ão do comparecimento de suas testemunhas, salvo se, ao apresentarem o respectivo rol, requererem justificadamente sejam elas notificadas a comparecer à audiência de instrução do processo.

Porém, o seu comparecimento ficará a cargo daquele que o arrolou, já que não há condução coercitiva, daí porque muitas vezes se faz necessário o auxílio do judiciário para a oitiva de determinada testemunha, através de uma medida de produção antecipada de provas.

O Relator nomeado para a instrução, diante da defesa prévia do advogado, proferirá despacho saneador e, se for o caso, determinará a realização de diligên-

2. Neste primeiro momento, a intimação é feita pelo correio, por AR, no endereço em que o advogado tem o seu cadastro, ou, quando da não localização do advogado, através de edital de chamamento (jornal).

3. Regimento Interno do Tribunal de Ética da OAB: Art. 41. Todos os prazos necessários à manifestação de advogados, estagiários e terceiros são de 15 (quinze) dias úteis, inclusive para interposição de recursos.

cias e de audiência de instrução para oitiva das partes e de suas testemunhas.

Concluída a instrução processual, deverá um novo Relator nomeado proferir parecer preliminar, dando enquadramento legal dos fatos imputados ao representado, dado que a instrução já foi elaborada e possui elementos suficientes para tanto.

Após o enquadramento legal, que deve ser o mais fiel possível aos fatos envolvidos, uma vez que há elementos suficientes para isto, posto que a instrução probatória já terá se encerrado, os autos serão remetidos ao Presidente da Turma Disciplinar para homologar ou retificar este parecer de enquadramento legal – o que deve ser fundamentado –, já que se trata de restrição de direitos, seja pela condenação ou pela absolvição do advogado, com consequências em seu âmbito profissional.

Porém, se o Relator da Turma entender cabível nova definição jurídica dos fatos narrados na representação, que tenha sido provada durante a instrução processual, mas que não esteja indicada no despacho de admissibilidade (inicial) e nem mesmo observada pelo parecer de enquadramento legal, deverá decretar a nulidade do processo, iniciando novo despacho de instauração e reabertura de prazo para apresentação de defesa prévia, considerando a nova constatação dos fatos.

Todavia, estando o processo em termos e sem nenhuma nulidade, o Presidente da Turma Disciplinar homologará o parecer de enquadramento legal, concedendo ao representante e, principalmente, ao representado, nesta ordem e sucessivamente (se o processo ainda for físico), vistas dos autos para apresentar razões finais no prazo de 15 (quinze) dias úteis.

Caso o advogado representado não apresente as razões finais, ser-lhe-á nomeado um defensor dativo, sob pena de nulidade do processo disciplinar.

Com as razões finais, será nomeado novo Relator – diferente daquele que proferiu o parecer de enquadramento legal –, para relatar o processo e apresentar seu voto, que será levado a julgamento perante aquela Turma Disciplinar em que se iniciou a representação.

Esse voto deverá ser fundamentado, indicando a infração disciplinar cometida pelo advogado e a sanção correspondente, devidamente amparada nas normas legais, observando as atenuantes, as agravantes e até mesmo as reincidências.

Marcada a data do julgamento, as partes serão intimadas para, querendo, acompanhar o julgamento e sustentar oralmente as razões de seu recurso.

O voto é lido após a sustentação oral e, em seguida, são colhidos os demais votos dos relatores presentes na sessão de julgamento.

Da decisão, é lavrado um Acórdão, contendo a transcrição do voto vencedor e a ementa do julgamento; o representado e seu advogado serão intimados pelo Diário Oficial.

As partes terão 15 dias úteis para apresentar recurso com efeito suspensivo à Câmara Recursal do Conselho Seccional.

Fundamentação da decisão de instauração do processo disciplinar

A deflagração de um processo disciplinar, com o mero protocolo da reclamação, se o representado não estiver atento às suas peculiaridades, poderá, muitas vezes, ensejar sua punição, porque não deu a atenção merecida ao processo.

Uma simples condenação, que aparentemente pode ensejar a aplicação da pena de censura, sem a devida conversão em advertência por ofício reservado ou até em alguma outra atenuante, poderá acarretar, futuramente, sua suspensão do exercício profissional por reincidência em infração disciplinar.

Por isso, deve o advogado representado não só entender dos trâmites do processo disciplinar, mas, principalmente, exigir que toda decisão seja bem fundamentada, para que possa, inclusive, contrapor e provar cada item daquilo de que está sendo acusado.

A decisão não só tem de ser fundamentada, mas também justificada e coerente com os fatos e as provas que estejam encartados no processo.

O Presidente da Turma, antes mesmo de declarar instaurado o processo disciplinar, pode converter o feito em diligências, para ter maiores elementos de convicção, conforme dispõe o § 5º do artigo 59 do Código de Ética.

> Art. 59. Compete ao relator do processo disciplinar determinar a notificação dos interessados para prestar esclarecimentos ou a do representado para apresen-

> tar defesa prévia, no prazo de 15 (quinze) dias, em qualquer caso.
> § 5º O relator pode determinar a realização de diligências que julgar convenientes, cumprindo-lhe dar andamento ao processo, de modo que este se desenvolva por impulso oficial.

Esta é uma etapa extremamente importante, pois coincide com tudo aquilo que se defende: o contraditório e a ampla defesa, devidamente aparelhada na acusação inicial.

Fluxograma do processo ético-disciplinar, com observância ao Regimento Interno do Tribunal de Ética de São Paulo

Para facilitar o entendimento daquele que irá se defender no processo ético-disciplinar, observe-se o mapa, direcionando a leitura do Regimento Interno do Tribunal de Ética de São Paulo e do Código de Ética.

> DENÚNICIA RECEBIDA POR MEIO DE PROTOCOLO INTEGRADO OU POR E-MAIL INDICADO NO SITE DO TRIBUNAL DE ÉTICA
> (Artigo 12 do Regimento Interno)
> A representação não poderá ser constituída de denúncia anônima (§ 2º do artigo 55 do Código de Ética da OAB)

Distribuição para uma das Turmas Disciplinares, de acordo com o local dos fatos, ou para a Comissão de Ética da referida Subseção (neste último caso, observar o limite da competência funcional)

▼

Autuação e Registro, com preenchimento de todas as informações essenciais, inclusive as constantes na contracapa do processo e no sumário
(artigos 15, III, e 32 do Regimento Interno do Tribunal de Ética da OAB/SP

▼

Presidente de Turma ou Presidente da Comissão de Ética

(i) determinar que a representação seja reduzida a termo ou então aditada pelo representante, com a juntada de documentos, se for o caso (§ 2º, I, do artigo 25 do Regimento Interno do Tribunal de Ética da OAB/SP);

(ii) designar audiência de conciliação;

(iii) propor o TAC – Termo de Ajustamento de Conduta – se o representado reunir as condições previstas, observando o disposto no artigo 58-A do Código de Ética – vide Resolução TED/GP 03/2022 – que será notificado no prazo de 15 dias para manifestar o seu aceite;

(iv) solicitar, quando julgar necessário, esclarecimentos preliminares de qualquer das partes, concedendo-lhes o prazo de 15 (quinze) dias úteis para manifestação.

▼

Quando se tratar de Comissão de Ética

- após as observações acima, encerra-se a competência da Comissão de Ética, que deverá enviar o processo para a Turma Disciplinar que abrange a sua região, observando o Regimento Interno do Tribunal de Ética, que foi homologado pelo Conselho Federal.

▼

Presidente de Turma Disciplinar

designa Assessor ou Relator, a quem competirá, no prazo de 30 (trinta) dias, emitir parecer pelo arquivamento liminar de representação ou pela instauração de processo disciplinar.

(artigo 25, § 2º, inciso IV e artigo 48 do Regimento Interno do Tribunal de Ética da OAB/SP, e § 3º do artigo 58 do Código de Ética).

▼

Presidente de Turma Disciplinar

- quando concordar com o parecer de arquivamento, o Presidente da Turma o remete para o Presidente do TED, que, em seguida, envia-o para o Presidente do Conselho Seccional (leia-se, Presidente da OAB) para arquivamento (vide inciso IX do artigo 21 do Regimento Interno da OAB/SP);

- do arquivamento liminar deve ser dada ciência às partes, uma vez que cabe Recurso à Câmara Recursal por parte do representante.

▼

Tramitação na Turma Disciplinar

com o relatório do Assessor pelo prosseguimento da Representação, que pode ser acolhido ou reformulado integral ou parcialmente pelo presidente da Turma (art. 52 do Regimento Interno), será DECLARADO INSTURADO o processo disciplinar e determinada a notificação do representado (por carta com aviso de recebimento) para apresentar defesa prévia em 15 dias úteis (art. 43 do Regimento Interno).

Frustrada a entrega da notificação, esta deverá ser realizada por edital (art. 43, § 2º do Regimento Interno).

▼

Caso o advogado não apresente defesa, ser-lhe-á nomeado advogado dativo.

Após a apresentação da defesa, o Presidente da Turma nomeia Relator para proferir despacho saneador (art. 56 do Regimento Interno da OAB/SP), realizar diligências e designar audiência de instrução, se for o caso.

Audiência de instrução é feita por assessor nomeado para tal fim.

Presidente de Turma Disciplinar

determinará que o Relator profira parecer preliminar, dando enquadramento legal aos fatos imputados ao representado; o Presidente de Turma homologará ou retificará o parecer, inclusive com observância do § 2º do artigo 54 do Regimento Interno da OAB/SP.

Sob pena de nulidade, as partes serão intimadas para, no prazo de 15 dias, apresentar Razões Finais.

Caso o advogado representado não apresente razões finais, deverá ser nomeado um defensor dativo (§ 2º do artigo 63 do Regimento Interno do Tribunal de Ética da OAB/SP).

▼

Presidente de Turma Disciplinar

(i) determina a juntada da ficha cadastral do representado e da certidão negativa ou positiva de existência de punições anteriores, com menção das faltas atribuídas. Será providenciada, ainda, certidão sobre a existência ou não de representações em andamento, a qual, se positiva, será acompanhada da informação sobre as faltas imputadas (artigo 68 do Regimento Interno do Tribunal de Ética da OAB/SP);

(ii) nomeia Relator para apresentar Relatório e Voto.

▼

Presidente de Turma Disciplinar

inclui processo em pauta e intima as partes para comparecer ao julgamento e, querendo, sustentar oralmente suas razões.

▼

JULGAMENTO pela TURMA DISCIPLINAR

▼

Após sua intimação do resultado do julgamento, as partes poderão apresentar seu recurso para a Câmara Recursal.

▼

O recurso, se tempestivo, terá efeito suspensivo.
O Presidente da Câmara recursal nomeia um Conselheiro para proferir relatório e voto.

▼

Não sendo caso de conversão do processo em diligências, as partes serão intimadas da data do julgamento para, querendo, sustentar oralmente perante a Câmara Recursal.

▼

Da decisão da Câmara Recursal, dependendo do caso, cabe recurso ao Conselho Federal.

Apenas para constar, cabem Embargos de Declaração das decisões acima citadas, com efeito suspensivo.

– TEXTO II –

Infrações e Sanções Disciplinares

No mês de dezembro de 2023, o Superior Tribunal de Justiça publicou a Súmula 665, que trata do limite de atuação do Poder Judiciário com relação ao mérito nos processos administrativos, o que se aplica também ao Tribunal de Ética da OAB, conforme teor abaixo.

> O controle jurisdicional do processo administrativo disciplinar restringe-se ao exame da regularidade do procedimento e da legalidade do ato, à luz dos princípios do contraditório, da ampla defesa e do devido processo legal, não sendo possível incursão no mérito administrativo, ressalvadas as hipóteses de flagrante ilegalidade, teratologia ou manifesta desproporcionalidade da sanção aplicada. (PRIMEIRA SEÇÃO, julgado em 13/12/2023, DJe de 14/12/2023).

Portanto, analisando a referida Súmula, reforça-se a afirmação da legitimidade dos julgamentos proferidos pelas Turmas Disciplinares e respectivas Câmaras Recursais, e da seriedade do trabalho realizado.

É importante fazer as referidas ressalvas, pois percebe-se que muitos advogados que são representados no Tribunal de Ética da OAB não dão a importância merecida quando são notificados, deixando de apresentar sua defesa prévia e, se são eventualmente condenados, buscam o Poder Judiciário na tentativa de anular o julgamento, sem ao menos comprovar que se interessaram, ao longo do trâmite processual, em observar a ampla defesa que lhe foi oportunizada.

Neste livro, vou me eximir de detalhar todas as infrações disciplinares, já que isto levaria a um desvirtuamento do intuito deste trabalho.

O que pretendo demonstrar para o leitor é que tanto o Estatuto da Advocacia, quanto o Código de Ética, possuem indicações de infrações disciplinares que, muitas vezes, se praticadas em reincidência, podem acarretar ao advogado infrator a sua suspensão ou até mesmo a sua exclusão dos quadros da OAB.

Ainda que não exista pena de caráter perpétuo (artigo 5°, inciso XLVII, b, da CF), o advogado infrator somente poderá retornar a exercer a profissão caso tenha a seu favor a procedência da reabilitação profissional, que possui requisitos próprios para sua propositura e acolhimento.

As sanções disciplinares são:

a) Censura, que pode ser convertida em advertência em ofício reservado;

b) Suspensão do exercício profissional por, no mínimo, 30 (trinta) dias até 12 (doze) meses, mas que pode perdurar até que o advogado preste contas dos valores ao cliente se o caso for de apropriação indébita, ou seja, acarretando o caráter de perpetuidade da pena;

c) Exclusão do exercício profissional

d) Multa, que sempre é cumulativa com a pena de censura ou de suspensão, não podendo ultrapassar 10 (dez) anuidades.

A multa é sempre cumulativa com as demais sanções acima indicadas e é revertida aos cofres da Instituição.

Nenhuma penalidade ético-disciplinar tem o condão de ressarcir a vítima, seja financeiramente, seja moralmente, devendo o interessado buscar a reparação através de ação judicial diretamente no Poder Judiciário, se assim o desejar.

Para aplicação das penalidades, o colegiado[4] deve observar a dosimetria da pena, considerando a reincidência específica transitada em julgado para dosar a pena acima do mínimo legal.

Considerando que as sanções são restritivas de direito, a aplicação da dosimetria da pena deve ser muito bem fundamentada.

Mesmo que se tenha a aplicação da censura, convertida em advertência, ainda que não se acarre-

4. Pode ser a Turma Disciplinar (primeira instância, composta por, no mínimo, 5 relatores – vide artigo 5º do Regimento Interno do TEDSP), ou a Câmara Recursal (segunda instância, composta por, no mínimo, 7 conselheiros, sendo que o quórum para instalação é de, no mínimo, 50%).

te uma restrição de direito, a reincidência da infração disciplinar poderá, com fundamento no artigo 37, II, do Estatuto da Advocacia, gerar a pena de suspensão do exercício profissional e esta sim impede o advogado de exercer sua profissão; a sua não observância ocasionará a aplicação da pena do inciso I, do artigo 34 do Estatuto da Advocacia por descumprir determinação emanada do órgão, no caso, do Tribunal de Ética.

Cabe ressaltar que o processo ético-disciplinar possui um rito procedimental que deve ser observado, cabendo ao advogado representado ou ao seu defensor atentar-se à formalidade do procedimento, com a leitura do Estatuto da Advocacia, do Código de Ética, do Regulamento Geral e, principalmente, do Regimento Interno do Tribunal de Ética da Seccional onde tramitar o processo.

– TEXTO III –

TAC – Termo de Ajustamento de Conduta

Adequando as normas aos interesses da advocacia, o Conselho Federal implementou o uso do TAC – Termo de Ajustamento de Conduta – para algumas infrações disciplinares relacionadas à publicidade e outras puníveis com a aplicação da pena de censura ou advertência (vide artigo 36 do Estatuto da Advocacia).

Importante destacar que fica impedido de assinar o TAC o advogado que cometeu uma infração disciplinar que eventualmente gere repercussão negativa à advocacia. Embora me pareça ser uma norma infracional aberta, o provimento faz esta indicação, ficando a critério do Presidente da Turma a referida análise.

O advogado, para aderir ao TAC, deve preencher certos requisitos legais indicados no Provimento n. 200/2020 do Conselho Federal da OAB, ou seja:

a) o termo de ajuste só poderá ser formalizado quando o advogado não tiver contra si condenação disciplinar transitada em julgado. Daí a importância de a reabilitação profissional ser proposta pelo advogado que já respondeu a infração disciplinar;

b) o termo não pode ser formalizado quando ao advogado esteja sendo imputada a prática de mais de uma infração, ou quando a sua conduta caracterize violação simultânea de outros dispositivos do Estatuto;

c) o termo não pode ser realizado em processos disciplinares que já tenham condenação transitada em julgado, pois a pena já foi cumprida e, para que seja reabilitado, cabe o advogado ingressar com o procedimento respectivo, no caso, o próprio pedido de reabilitação;

d) o termo não pode ser celebrado por advogado que já tenha se beneficiado desse instituto nos três anos anteriores à conduta que está sendo apurada.

O objetivo do provimento é reduzir o número de processos ético-disciplinares em trâmite e, mais, conceder ao advogado infrator a chance de reconhecer o seu erro e de não mais o praticar.

Em resumo, o advogado causador de danos aos interesses relacionados à advocacia assume o compromisso de ajustar a sua conduta às normas éticas (leia-se, o Estatuto da Advocacia e o Código de Ética), mediante sanções que ficariam suspensas (pena de censura e advertência), desde que comprovado que o advogado não mais irá descumprir o regramento legal.

Súmula sobre o TAC

Súmula do Órgão Especial do Conselho Federal da OAB, sobre o oferecimento do TAC, aprovada em sessão de julgamento realizada no dia 14 de novembro de 2023:

> TERMO DE AJUSTAMENTO DE CONDUTA.
> I - É cabível a conversão do processo em diligência, de ofício, para oferecimento de TAC aos processos iniciados antes da entrada em vigor do provimento n. 200/2020 deste Conselho Federal, e, caso não oferecido de ofício pelo relator, cabe ao interessado requerê-lo até o trânsito em julgado, sob pena de preclusão.
> II. Aos processos disciplinares iniciados a partir da entrada em vigor do Provimento n. 200/2020, caso não oferecido o TAC de ofício pela OAB, compete ao interessado requerê-lo enquanto o processo tramita na primeira instância de julgamento, sob pena de preclusão.

No entanto, a Súmula acima citada deve ser lida em complemento ao Provimento n. 200/2020, que é a regulamentação dos dispositivos 47-A e 58-A do Código de Ética e Disciplina da OAB, pois a norma, a princípio, se refere apenas às infrações éticas relacionadas à publicidade irregular, com o intuito de captação de cliente, e àquelas infrações disciplinares com indicação de pena de censura ou advertência.

De qualquer maneira, deve o advogado que está respondendo a um processo ético-disciplinar atentar-se à norma, pois, caso o processo ainda esteja aguardando julgamento em primeira instância e tiver sido iniciado <u>depois</u> da entrada em vigor do Provimento n. 200/2020, deve o causídico requerer, se for de seu interesse, a adesão ao TAC, obedecendo aos critérios contidos em sua redação.

Porém, se processo ético-disciplinar for anterior à entrada em vigor do Provimento n. 200/2000 e não tiver transitado em julgado, mas for do interesse do processado a adesão ao TAC, desde que a infração ali indicada seja a pena de censura ou advertência, deve o advogado fazer o seu requerimento, sob pena de preclusão.

Disposição legal no Código de Ética

Por meio da Resolução n. 4/2020, foram acrescentados os artigos 47-A e 58-A ao Código de Ética e Disciplina da Ordem dos Advogados do Brasil – que prevê o Termo de Ajuste de Conduta (TAC) –, com a seguinte redação:

> Art. 47-A. Será admitida a celebração de termo de ajustamento de conduta no âmbito dos Conselhos Seccionais e do Conselho Federal para fazer cessar a publicidade irregular praticada por advogados e estagiários.
> Parágrafo único. O termo previsto neste artigo será regulamentado mediante edição de provimento do Conselho Federal, que estabelecerá seus requisitos e condições.

> Art. 58-A. Nos casos de infração ético-disciplinar punível com censura, será admissível a celebração de termo de ajustamento de conduta, se o fato apurado não tiver gerado repercussão negativa à advocacia.

> Parágrafo único. O termo de ajustamento de conduta previsto neste artigo será regulamentado em provimento do Conselho Federal da OAB.

Em seguida, o Provimento n. 200/2020 passou então a regulamentar a forma da celebração de Termo de Ajustamento de Conduta (TAC), diante da prática de publicidade irregular no âmbito da advocacia e das infrações ético-disciplinares puníveis com censura.

> PROVIMENTO N. 200/2020
>
> Regulamenta o disposto nos arts. 47-A e 58-A do Código de Ética e Disciplina da OAB, no tocante à celebração de Termo de Ajustamento de Conduta (TAC) diante da prática de publicidade irregular no âmbito da advocacia e das infrações ético-disciplinares puníveis com censura.
>
> O CONSELHO FEDERAL DA ORDEM DOS ADVOGADOS DO BRASIL, no uso das atribuições que lhe são conferidas pelo art. 54, V, da Lei n. 8.906, de 4 de julho de 1994 – Estatuto da Advocacia e da Ordem dos Advogados do Brasil – OAB, e tendo em vista o que ficou deliberado nos autos das Proposições n. 49.0000.2020.004671-8/COP e n. 49.0000.2020.005097-0/COP, com a edição dos arts. 47-A e 58-A do Código de Ética e Disciplina da OAB, RESOLVE:

Art. 1º O Termo de Ajustamento de Conduta – TAC previsto nos arts. 47-A e 58-A do Código de Ética e Disciplina da OAB – CED, a ser celebrado entre o Conselho Federal ou os Conselhos Seccionais com advogados ou estagiários inscritos nos quadros da Instituição, aplica-se às hipóteses relativas à publicidade profissional (art. 39 a art. 47 do CED) e às infrações disciplinares puníveis com censura (art. 36 do EAOAB).

Art. 2º Somente será permitida a formalização do TAC previsto neste Provimento ao advogado ou estagiário que, detentor de regular inscrição nos quadros da OAB, não tiver contra si condenação transitada em julgado por representação ético-disciplinar, ressalvando-se as hipóteses de reabilitação.
Parágrafo único. O TAC previsto neste Provimento não se aplica às hipóteses em que ao advogado ou estagiário seja imputada a prática de mais de uma infração ético-disciplinar ou conduta que caracteriza violação simultânea de outros dispositivos do Estatuto da Advocacia e da OAB, além daqueles referidos no art. 1º, bem como aos processos éticos-disciplinares com condenação transitada em julgado.

Art. 3º Constatada hipótese de prática da infração elencada no art. 1º deste Provimento, o órgão competente providenciará, de ofício ou a requerimento, a preparação do TAC, contendo as seguintes informações:

I - qualificação do advogado ou do estagiário;
II - descrição da conduta imputada, com informação da data da ocorrência e do meio utilizado;
III - certidão de regular inscrição na OAB e certidão negativa ou positiva sobre a existência de punições anteriores transitadas em julgado;
IV - a capitulação da infração correspondente;
V - os termos do ajustamento de conduta a ser celebrado.

§ 1º O advogado ou o estagiário será notificado para, em 15 (quinze) dias, manifestar seu interesse em aderir ao Termo de Ajustamento de Conduta, presumindo-se a recusa em caso falta de manifestação.

§ 2º Em se tratando de competência de Conselho Seccional da OAB, o TAC será celebrado conforme dispuser o respectivo Regimento.

§ 3º No âmbito do Conselho Federal, o TAC será celebrado pelo Relator do processo, com a subsequente homologação pela Turma da Segunda Câmara correspondente.

Art. 4º O advogado ou o estagiário interessado obrigar-se-á a cessar a conduta objeto do TAC, reparar o dano eventualmente causado, fazer cessar os efeitos da infração, quando for o caso, bem como a se abster de praticar a mesma conduta no prazo fixado no instrumento correspondente.

§ 1º A celebração do TAC implicará na suspensão condicional do procedimento ou do processo ético-disciplinar instaurado, pelo prazo de 03 (três) anos, após o qual será arquivado definitivamente, sem anotações nos assentos profissionais.

§ 2º Será vedada a celebração do TAC por advogado ou estagiário já beneficiado com o instituto nos 03 (três) anos anteriores à conduta a ser apurada.

§ 3º No caso de descumprimento dos termos celebrados, o TAC perderá seus efeitos e o processo disciplinar retomará seu trâmite.

§ 4º Durante o prazo de suspensão previsto no TAC não fluem os prazos prescricionais.

Art. 5º Caberá, no âmbito das Seccionais, ao Tribunal de Ética e Disciplina acompanhar o cumprimento dos Termos do Ajustamento de Conduta celebrado e, no âmbito do Conselho Federal, ao Presidente da Turma da Segunda Câmara correspondente.

Art. 6º Aplicam-se as disposições deste provimento aos processos disciplinares em trâmite na data da sua publicação, ainda não transitados em julgado, e desde que cumpridos os requisitos aqui previstos, cabendo aos órgãos nos quais se encontrem atualmente, notificar o advogado ou estagiário a se manifestar, no prazo de

> 15 (quinze) dias, sobre o interesse na celebração do TAC.
> Não havendo manifestação, será presumida a recusa, prosseguindo-se a tramitação normal.

O provimento acima disposto indica quais os tipos de infração a que possa ser aplicado o oferecimento do TAC e os requisitos para tal, limitando-se às hipóteses relativas à publicidade profissional e às infrações disciplinares puníveis com censura.

Momento de oferecimento do TAC

Deve o leitor ficar atento ao Regimento Interno da sua Seccional, pois, embora a súmula do Conselho Federal, em redação de 14 de novembro de 2023, tenha indicado as regras da concessão do TAC, o Regimento Interno do Tribunal de Ética da Seccional é de suma importância.

Em São Paulo, o tema está regulamentado na Resolução TED/GP n. 3/2022, assinada pelo então Presidente do Tribunal de Ética, Dr. Guilherme Magri, a qual dispõe sobre a celebração do Termo de Ajustamento de Conduta (TAC) no âmbito da Secional de São Paulo, com a seguinte redação:

> Art. 1º. Recebida a representação relativa a violação ética ou infração disciplinar sancionada com censura, ao se consta-

tar a inexistência de punições anteriores, com trânsito em julgado (ressalvando-se as hipóteses de reabilitação), o Presidente do Tribunal de Ética e Disciplina, o Relator Presidente da Turma Disciplinar ou um dos membros, por delegação, deverá propor o Termo de Ajustamento de Conduta (TAC), que vigorará por 3 (três) anos, contendo as seguintes informações:
I - qualificação do advogado ou do estagiário;
II - descrição da conduta imputada, com informação da data da ocorrência e do meio utilizado;
III - certidão de regular inscrição na OAB e certidão negativa ou positiva sobre a existência de punições anteriores transitadas em julgado;
IV - a capitulação da infração correspondente;
V - os termos do ajustamento de conduta a ser celebrado.

Art. 2º. Preenchidos os requisitos, o representado será notificado para que, no prazo de 15 (quinze) dias, manifeste interesse em aderir ao Termo de Ajustamento de Conduta (TAC), presumindo-se recusa na falta de manifestação.

Art. 3º. O representado interessado obrigar-se-á a cessar a conduta objeto do TAC, reparar o dano eventualmente causado, que deverá estar apontado na proposta, bem como abster de praticar a mesma conduta no prazo fixado.

> Art. 4º. A celebração do Termo de Ajustamento de Conduta (TAC), suspenderá o processo disciplinar e/ou representação, pelo prazo de 3 (três) anos, período em que a prescrição, também, ficará suspensa, encerrado o prazo o procedimento será arquivado, sem análise de mérito e sem registro nos assentamentos do inscrito.
> § 1º Será vedada a celebração do TAC por advogado já beneficiado com o instituto nos 3 (três) anos anteriores à conduta a ser apurada.
> § 2º No caso de descumprimento dos termos celebrados, o TAC perderá seus efeitos e o processo disciplinar retomará seu trâmite.
>
> Art. 5º. Esta Resolução entra em vigor nesta data, aplica-se a todas as representações e processos disciplinares, sem trânsito em julgado.

Entretanto, caso o advogado seja revel e, portanto, representado por advogado dativo, entendo que este não tem poderes para aderir ao TAC, mesmo que seja um benefício para o representado.

Certamente, com o passar dos anos, o tema sobre a adesão ao TAC poderá conter novas formas de interpretação. No entanto, deve o advogado estar ciente de que poderá fazer o seu requerimento para a aplicação do Termo, caso não seja oferecido antes de eventual audiência de conciliação, ou então antes dos esclarecimentos preliminares.

– TEXTO IV –

Produção de Provas

O processo ético-disciplinar é, por sua natureza, um processo acusatório que poderá acarretar a restrição ao livre exercício profissional. Por isso, deve o órgão acusador propiciar ao acusado o mais amplo direito de defesa.

A produção de provas no processo ético-disciplinar, além da possibilidade da juntada de documentos, oportuniza à parte ouvir suas testemunhas.

Entretanto, essas testemunhas deverão vir de forma espontânea, já que não há, no processo ético-disciplinar, a possibilidade de serem ouvidas de forma coercitiva, mesmo que intimadas pela secretaria da Turma Disciplinar onde tramita o processo ético-disciplinar.

Observe a leitura do Regimento Interno do Tribunal de Ética da Seccional de São Paulo sobre a intimação de testemunha:

> Art. 62. O representante e o representado incumbir-se-ão do comparecimento de suas testemunhas, salvo se, ao apresentarem o respectivo rol, requererem justificadamente sejam elas notificadas a

> comparecer à audiência de instrução do processo.

Porém, o que o Regimento Interno não esclareceu é que, se a secretaria da Turma Julgadora intimar as testemunhas arroladas e estas não comparecerem, como não há condução coercitiva, a prova se perderá.

Sendo assim, o advogado deverá, muitas vezes, se socorrer do Poder Judiciário para que possa se defender no processo ético-disciplinar.

Peço que o leitor que não esteja localizado no Estado de São Paulo fique atento ao Regimento Interno do Tribunal de Ética de sua Seccional. Embora os regramentos sejam todos bem parecidos, uma vez que devem ser homologados pelo Conselho Federal da OAB, os artigos aqui destacados se referem exclusivamente ao Regimento Interno do Tribunal de Ética da Corte Paulista.

Quando insisto que a ampla defesa no âmbito ético-disciplinar deve ser a mais extensiva possível, isto quer dizer que o caráter subjetivo da decisão do Relator quanto ao indeferimento de uma prova deve ser muito bem fundamentado, sob pena de configurar restrições constitucionais.

Dispõe o Regimento Interno:

> Art. 61. Somente se indeferirá a produção de determinado meio de prova quando for ilícito, impertinente, irrelevante ou protelatório, devendo o Relator nomeado fazê-lo fundamentadamente.

Quando o advogado precisar produzir uma prova que certamente não conseguirá fazer no processo ético-disciplinar, como, por exemplo, ouvir uma testemunha que se nega a depor ou de produzir uma prova pericial, deverá utilizar-se do processo judicial cível.

E é nesse momento que deverá ter o conhecimento da possibilidade de produzir uma prova de forma autônoma, ou seja, utilizando-se do artigo 381 do Código de Processo Civil.

> Art. 381. A produção antecipada da prova será admitida nos casos em que:
> I - haja fundado receio de que venha a tornar-se impossível ou muito difícil a verificação de certos fatos na pendência da ação;
> II - a prova a ser produzida seja suscetível de viabilizar a autocomposição ou outro meio adequado de solução de conflito;
> III - o prévio conhecimento dos fatos possa justificar ou evitar o ajuizamento de ação.

Embora o processo ético-disciplinar seja sigiloso, o advogado pode também requerer, na referida ação probatória autônoma, que seja decretado o sigilo, para justificar ao magistrado a necessidade da produção de determinada prova, demonstrando a existência do processo ético-disciplinar e a necessidade da utilização das medidas judiciais para ter acesso a sua ampla defesa.

Por se tratar de medida autônoma de produção de provas e não ter mais o caráter cautelar, de urgência, o advogado que estiver respondendo a um processo ético-disciplinar deve, logo no início de sua intimação para apresentar defesa prévia, se programar para a propositura da referida medida e não esperar a fase instrutória do processo ético-disciplinar, pois sabe-se que, muitas vezes, o Presidente da Turma Disciplinar pode não conceder um eventual pedido de suspensão do processo para que a prova seja produzida no juízo cível.

O processo ético-disciplinar, como dito alhures, é extremamente limitado legalmente quanto à produção de provas em sua instrumentalização.

A prova, no processo ético-disciplinar, tem um papel fundamental para o direcionamento da decisão e a análise perfunctória certamente ocasionará um profundo risco à atividade profissional do advogado, por conta da aplicação da sanção, ainda que seja a menos restritiva, como, por exemplo, a pena de censura.

Qualquer prova pode ser produzida de forma autônoma e esta não será valorada pelo juízo cível, pois não cabe julgamento nesta ação.

O advogado que for produzir a prova deve ficar atento ao polo passivo da demanda cível, pois deve ser aquele que irá ser atingido pela prova e que manterá a relação jurídica inicial que gerou o processo ético-disciplinar.

Na ação probatória autônoma, o advogado ora requerente da medida deverá apresentar as justificativas necessárias para o pedido de produção da prova, ou seja, deve apontar a causa de pedir – daí por que entendo que esta ação também deverá ter caráter sigiloso –, para que o peticionário justifique a limitação do processo disciplinar quanto à sua produção e deixe clara a necessidade do auxílio do Judiciário para conseguir a busca da verdade e/ou do contraditório e da ampla defesa.

Deve ainda o advogado requerente da ação de produção de provas indicar, com precisão, os fatos sobre os quais a prova haverá de recair (art. 382, *caput*, CPC), ou seja, demonstrar a relevância e a utilidade da produção da prova no processo disciplinar, visando, com isto, sua absolvição ou, ainda, a minimização da pena do processo ético-disciplinar.

> Art. 382 do Código de Processo Civil – Na petição, o requerente apresentará as razões que justificam a necessidade de antecipação da prova e mencionará com precisão os fatos sobre os quais a prova há de recair.

Nesta ação autônoma, não se pressupõe urgência na produção da prova, muito menos risco de que a prova não possa ser produzida futuramente, mas sim que ela é impossível de ser produzida no âmbito administrativo disciplinar, como ressaltado no item anterior.

A legislação reforça a ideia de que o destinatário da prova não necessariamente é o juiz de direito, já que a referida medida serve para que as próprias partes se convençam do direito objeto da demanda e, mais ainda, para que as estratégias processuais possam ser usadas, inclusive, para a composição amigável, conforme leitura do inciso II do artigo 381 do Código de Processo Civil.

> Art. 381 – A produção antecipada da prova será admitida nos casos em que:

> ...
> II – a prova a ser produzida seja suscetível de viabilizar a autocomposição ou outro meio adequado de solução de conflito;

Uma vez que o processo ético-disciplinar restringe direitos, já que o advogado, se condenado, pode ser suspenso do exercício profissional, esta medida é eficaz para sua defesa.

O objetivo de se buscar uma prova por meio de ação probatória autônoma é produzir um resultado consistente no convencimento dos julgadores do Tribunal de Ética acerca de certos fatos que, por conta do trâmite do processo ético-disciplinar, ali não se consegue produzir, tal como uma perícia e até mesmo a oitiva de uma testemunha de forma coercitiva.

Atente-se, inicialmente, para não tornar inútil a medida, que o objeto da prova e o resultado que se vise alcançar estejam bem delineados.

Se a parte interessada no processo ético-disciplinar não produz a prova, seja fora daquele procedimento, seja através de uma prova documental, não podem os julgadores-relatores julgar por presunção, até porque somente em alguns casos específicos é que os argumentos não dependem de prova (para o processo civil, leia-se, o artigo 374 do CPC).

Não se pode olvidar, ou seja, não se pode deixar de lado que os julgadores, também sendo advogados, podem, por analogia ao artigo 375 do CPC, aplicar as regras de experiência comum, subministradas pela observação do que ordinariamente acontece, mas sempre observando o princípio do livre convencimento motivado, desde que amparado nas normas legais, diga-se de passagem, inclusive quando da aplicação da dosimetria da pena, principalmente para aplicação da sanção da pena de suspensão do exercício profissional.

Meios de provas admitidos

É um dos mais delicados problemas em matéria probatória, não só para os que militam no contencioso e sabem da dificuldade de sua produção e admissão, mas, principalmente, para o processo administrativo ético-disciplinar.

A apuração adequada dos fatos dependerá de o advogado representado provar a improcedência do pedido da parte que se sentiu prejudicada.

Mas lembre-se de que há situações em que apenas argumentos baseados em normas legais são suficientes para a improcedência da representação.

A prova produzida através da ação probatória autônoma, como forma de conduzir o processo ético-disciplinar e, por que não, eventual ação reparatória de uma parte contra a outra, evita a inversão do ônus e suaviza a dinamização da produção da prova, facilitando a análise do colegiado.

A utilização da prova emprestada

Já mencionei a importância e o motivo da necessidade, muitas vezes, de fazer uso da ação probatória autônoma no juízo cível, para a utilização no processo ético-disciplinar.

Entretanto, quando já existe a prova produzida em outro processo, a sua utilização, como prova emprestada, traz economia e celeridade processual, até porque, muitas vezes, esta prova já não pode mais ser repetida, citando-se o exemplo de uma testemunha falecida.

Os relatores-julgadores da Turma Disciplinar é que atribuirão o valor adequado à prova, mas sempre observado o contraditório, podendo a parte contrária produzir uma contraprova ou impugnar sua admissibilidade.

Não há óbice algum, segundo meu entendimento, à parte contra quem foi produzida a prova emprestada não ter participado do processo originário. O mais importante é a observação do contraditório na análise da prova.

Carga probatória

Eventual regra de distribuição da carga probatória pode acarretar ao advogado um ônus muito pesado, por conta da interpretação do artigo 32 do Estatuto da Advocacia:

> Art. 32. O advogado é responsável pelos atos que, no exercício profissional, praticar com dolo ou culpa.
> Parágrafo único. Em caso de lide temerária, o advogado será solidariamente responsável com seu cliente, desde que coligado com este para lesar a parte contrária, o que será apurado em ação própria.

Isso significa que a sobrecarga ficará integralmente com o advogado e que, não conseguindo comprovar ter sido diligente, terá contra si – ao contrário do *in dubio pro reo* – a fatalidade de sua condenação.

Ressalte-se que sua condenação lhe restringe direitos – de eventualmente exercer a advocacia – e/ou, ainda, gera indício de prova em uma ação de responsabilidade civil.

Assim, penso que o julgador deve ter muito cuidado ao analisar a distribuição do ônus da prova, evitando que o advogado representado, por força da redação do artigo 32 do Estatuto da Advocacia, sofra tamanha sobrecarga, devendo ser flexibilizada a interpretação desta norma com relação à carga probatória e até mesmo à inversão do ônus da prova.

– TEXTO V –

Reincidência em Infração Disciplinar

Uma das causas de suspensão do exercício profissional do advogado é a reincidência em infração disciplinar, conforme se verifica pela leitura do artigo 37, II, do Estatuto da Advocacia:

> Art. 37. A suspensão é aplicável nos casos de:
>
> ...
>
> II - reincidência em infração disciplinar.

Tal independe de, como sanção anterior, ter sido aplicada a pena de censura e a infração ora cometida ter, como pena base, também a pena de censura.

Caso o advogado seja reincidente em infração disciplinar (qualquer que seja ela), com pena anterior transitada em julgado, certamente a pena a ser aplicada será a de suspensão do exercício profissional.

Embora a reincidência se refira à repetição de condutas ilícitas, o entendimento majoritário é que não há necessidade de que tais condutas infracionais sejam idênticas.

O conceito de reincidência do Estatuto da Advocacia é genérico e não específico, ou seja, tanto faz a infração cometida.

Porém, se o advogado é reincidente em infração disciplinar, o critério objetivo a ser aplicado é, em tese, o da pena de suspensão do exercício profissional.

Entretanto, entendo que há critérios que devem ser observados pelo julgador na aplicação da pena de suspensão do exercício profissional, levando em consideração a reincidência.

É importante notar que, para a configuração da reincidência, ainda que a infração disciplinar seja diversa da anterior, deve a primeira sanção aplicada já ter transitado em julgado.

De qualquer sorte, há necessidade de se ponderarem alguns critérios na dosimetria da pena, como será observado nas linhas abaixo.

Reincidência como circunstância agravante da pena-base

Como premissa básica, no primeiro momento, a reincidência em infração disciplinar, conforme indicativo do inciso II do artigo 37 do Estatuto da Advocacia, deve observar a condição de que o processo disciplinar anterior tenha transitado em julgado, independentemente de ter o advogado cometido esta nova infração disciplinar cuja pena originária seria a de censura.

Cabe ressaltar que a aplicação da pena de reincidência leva em consideração a pena anterior já transitada em julgado, e nunca em andamento.

Portanto, para que a reincidência seja considerada como tal, exige-se que, no tempo da nova infração cometida, tenha já o processo disciplinar transitado em julgado.

Porém, entendo que é importante observar a data da infração disciplinar anterior para fins de reincidência e não o momento da aplicação da nova pena, quando do julgamento da Turma Disciplinar deste novo processo disciplinar.

Ou seja, quando da aplicação da pena disciplinar, deve-se observar não apenas o trânsito em julgado de um processo anterior, mas sim se, na data em que o advogado cometeu a infração disciplinar objeto do julgamento, ele já teria, contra si, decisão transitada em julgado anterior.

Caso não tenha tido decisão transitada em julgado quando da prática da nova infração disciplinar objeto do julgamento, não se deve aplicar a agravante indicativa do artigo 37, inciso II, do Estatuto da Advocacia.

Se pensarmos que a reincidência é a prática de nova infração disciplinar, deve ser observado que a primeira infração disciplinar só pode ser considerada definitiva com o trânsito em julgado do processo disciplinar que a apurou.

Pois bem, levando em consideração este raciocínio, o reincidente só o é se, no tempo da nova infração disciplinar cometida (do ato ilícito), a anterior já havia transitado em julgado.

E mais: se a primeira infração disciplinar ocorreu há mais se 5 anos (independentemente do trânsito em julgado), deveria ser afastada a reincidência, ainda que não aplicadas as atenuantes por bons antecedentes, ou seja, podendo ser aplicado o aumento de pena por maus antecedentes.

E, de novo, a reincidência ocorre desde que a nova infração disciplinar – leia-se, ato ilícito – tenha sido praticada quando a anterior infração já tenha sua pena transitada em julgado.

É necessário repetir este raciocínio.

Então, temos dois pressupostos para caracterizar a reincidência, ou seja, (i) quando da aplicação da pena de suspensão do exercício profissional, só pode ser considerado reincidente se, na data desta infração objeto de julgamento, a anterior já tiver transitada em julgado; e mais: (ii) deve ser observado, ainda, se o cometimento da nova infração disciplinar – data da prática do ato e não da aplicação da pena –, foi realizado quando a primeira já havia transitado em julgado, pois, caso contrário, não teremos reincidência e sim, apenas, quando muito, maus antecedentes.

Aliás, um assunto delicado é discutir maus antecedentes e a possibilidade de considerar os referidos apontamentos na folha de antecedentes para aplicação da pena.

Isto é, se se deve ou não observar as anotações na certidão sobre a existência ou não de representações em andamento, conforme está indicado no § 2º do artigo 58 do Código de Ética e Disciplina:

> Art. 58. Recebida a representação, o Presidente do Conselho Seccional ou o da Subseção, quando esta dispuser de Con-

> selho, designa relator, por sorteio, um de seus integrantes, para presidir a instrução processual.
>
> ...
>
> § 2º Antes do encaminhamento dos autos ao relator, serão juntadas a ficha cadastral do representado e certidão negativa ou positiva sobre a existência de punições anteriores, com menção das faltas atribuídas. Será providenciada, ainda, certidão sobre a existência ou não de representações em andamento, a qual, se positiva, será acompanhada da informação sobre as faltas imputadas.

Entendo que é necessário que as referidas certidões juntadas aos autos tenham a data de cada infração cometida anteriormente, para efeito de análise de reincidência, conforme já apontado.

Da individualização da pena a ser aplicada ao advogado

A fixação da pena a ser aplicada ao advogado faltoso deve ser cuidadosamente examinada pelo colegiado, principalmente a restritiva de direitos, tal como a suspensão do exercício profissional por prazo determinado ou até mesmo indeterminado, quando pensamos na suspensão do advogado até que preste novo exame de ordem, ou ainda até que preste contas para seu cliente, devolvendo o valor indevidamente retido.

Vale a pena a leitura de ambos os parágrafos do art. 37 da Lei n. 8.906/94 – Estatuto da Advocacia:

> Artigo 37 – A suspensão é aplicável nos casos de:
> I – infrações definidas nos incisos XVII a XXV do artigo 34.
> ....
> § 2º Nas hipóteses dos incisos XXI e XXIII do art. 34, a suspensão perdura até que satisfaça integralmente a dívida, inclusive com correção monetária.
> § 3º Na hipótese do inciso XXIV do art. 34, a suspensão perdura até que preste novas provas de habilitação.

Só para facilitar a leitura e não perder o raciocínio sobre o tema, os incisos do artigo 34 acima citados têm a seguinte redação:

> Art. 34. Constitui infração disciplinar:
>
> XXI - recusar-se, injustificadamente, a prestar contas ao cliente de quantias recebidas dele ou de terceiros por conta dele;
> ....
> XXIV - incidir em erros reiterados que evidenciem inépcia profissional;

Os julgadores, ao aplicarem a pena de suspensão do exercício profissional, devem ficar atentos às datas das infrações disciplinares cometidas anteriormente, antes de aplicar a reincidência.

Ora, se, quando cometeu a segunda infração disciplinar, o advogado ainda não tinha contra si uma decisão transitada em julgado da primeira infração disciplinar, não se pode afirmar ser ele reincidente, ainda que, em tese, tenha maus antecedentes.

A análise da medida da punição que deve ser aplicada, com a perspectiva dos antecedentes do advogado faltoso, tem um caráter subjetivo e filosófico que deve ser cuidadosamente apreciado.

Percebe-se que o inciso apenas indica a aplicação da pena de suspensão do advogado no exercício profissional, sem apontar o tempo desta suspensão, se é de trinta dias a doze meses, conforme dispõe o § 1º do artigo 37 do Estatuto da Advocacia:

> § 1º - A suspensão acarreta ao infrator a interdição do exercício profissional, em todo o território nacional, pelo prazo de 30 dias a doze meses, de acordo com o critério de individualização previstos neste capítulo.

E é nesta individualização da pena que deverá o julgador observar os critérios de reincidência acima analisados, como também os critérios atenuantes e principalmente os antecedentes profissionais do advogado, conforme o comando do artigo 40 do Estatuto da Advocacia:

> Art. 40. Na aplicação das sanções disciplinares, são consideradas, para fins de ate-

> nuação, as seguintes circunstâncias, entre outras:
> I - falta cometida na defesa de prerrogativa profissional;
> II - ausência de punição disciplinar anterior;
> III - exercício assíduo e proficiente de mandato ou cargo em qualquer órgão da OAB;
> IV - prestação de relevantes serviços à advocacia ou à causa pública.
> Parágrafo único. Os antecedentes profissionais do inscrito, as atenuantes, o grau de culpa por ele revelada, as circunstâncias e as consequências da infração são considerados para o fim de decidir:
> a) sobre a conveniência da aplicação cumulativa da multa e de outra sanção disciplinar;
> b) sobre o tempo de suspensão e o valor da multa aplicáveis.

É importante que o julgador tenha a extrema consciência e o entendimento desta individualização, para que observe com cautela a proporcionalidade entre a gravidade do ato praticado e a pena de suspensão a ser aplicada.

Este princípio da proporcionalidade e da individualização da pena, com observância rigorosa aos incisos I a IV do artigo 40 do Estatuto da Advocacia, pode fazer com que o julgador, mesmo em caso de reincidência, não aplique ao advogado a pena de suspensão do exercício profissional, desde que o faça de forma fundamentada.

Parece-me também importante o julgador observar se o ato praticado pelo advogado teve alguma repercussão na esfera judicial, seja cível ou criminal.

Embora haja independência entre as instâncias, é importante ter uma congruência nas decisões, devendo, inclusive, o julgador sopesar algumas destas questões quando do julgamento pelo colegiado.

Aqui, é importante ressaltar que a pena a ser aplicada ao advogado é sempre pessoal, ou seja, não se aplica a pena à sociedade de advogados ou a todos os que estavam incluídos na procuração.

O ato infracional é de responsabilidade pessoal, ao advogado que praticou o ato, uma vez que ele responde na medida de sua culpabilidade.

– TEXTO VI –

Suspensão Preventiva do Advogado

Vamos iniciar este capítulo com a leitura do artigo 71, inciso IV, do Código de Ética e Disciplina:

> Artigo 71 – Compete aos Tribunais de Ética e Disciplina:
> (...)
>
> IV – suspender, preventivamente, o acusado, em caso de conduta suscetível de acarretar repercussão prejudicial à advocacia, nos termos do Estatuto da Advocacia e da Ordem dos Advogados do Brasil.

Vamos agora voltar à leitura do parágrafo 3º do artigo 70, só que do Estatuto da Advocacia – Lei Federal n. 8.906/94:

> Art. 70. O poder de punir disciplinarmente os inscritos na OAB compete exclusivamente ao Conselho Seccional em cuja base territorial tenha ocorrido a infração, salvo se a falta for cometida perante o Conselho Federal.
> (...)
> § 3º O Tribunal de Ética e Disciplina do Conselho onde o acusado tenha inscrição principal pode suspendê-lo preventivamente, em caso de repercussão prejudicial à dignidade da advocacia, depois de ouvi-lo em sessão especial para a qual deve ser notificado a comparecer, salvo se não atender à notificação. Neste caso, o processo disciplinar deve ser concluído no prazo máximo de noventa dias.

Quero que você, leitor, fique atento a algumas questões importantes:

(i) o processo cautelar de suspensão preventiva irá tramitar no Conselho Seccional onde o advogado tenha sua inscrição principal;

(ii) o advogado será intimado para ser ouvido em sessão especial, para que os relatores da Turma Disciplinar decidam sobre a aplicação da sanção de suspensão preventiva;

(iii) o trâmite do procedimento de suspensão preventiva deve ser concluído em até 90 dias;

(iv) o processo deve conter indícios suficientes de prática de infração disciplinar que observe o critério de "repercussão judicial" à imagem da advocacia.

O Regimento Interno do Tribunal de Ética da OAB/SP, após anos de estudo por diversos Conselheiros que integravam a Câmara Recursal e pelos relatores do referido Tribunal, sendo posteriormente remetido para aprovação pelo Conselho Federal, e publicado no ano de 2019, assim pontuou sobre o tema:

> Art. 8º. Compete às demais Turmas, designadas Disciplinares:
>
> (...)
>
> II – suspender preventivamente o advogado nos termos do art. 70, § 3º, da Lei 8.906/94, em observância ao procedimento regulamentado por este Regimento Interno;

Na Seção VII, a partir do artigo 81 do Regimento Interno do Tribunal de Ética da OAB/SP, é indicada a forma em que tramita o referido procedimento:

> Art. 81. Na hipótese prevista no art. 70, § 3º, do EAOAB, será determinada a instauração de procedimento específico pelo Presidente do TED, sorteando-se Relator que proferirá o voto no prazo de 5 (cinco) dias.

O relator sorteado para elaborar o voto do processo de suspensão preventiva será o indicado pela própria Turma Disciplinar em cuja base territorial o advogado acusado tenha sua inscrição principal.

Todos os demais integrantes participarão do julgamento, sendo no mínimo 8 (oito) relatores – vide artigo 83 do Regimento Interno da OAB/SP –, dada a gravidade do tema – suspensão preventiva do advogado do exercício profissional.

Inclusive o próprio Presidente do Tribunal de Ética e Disciplina, além do Presidente da Turma Disciplinar, poderão participar do julgamento.

Caso o advogado esteja preso, a sessão especial poderá ocorrer no local onde estiver custodiado, facilitando, assim, a sua defesa.

Do resultado da sessão especial de julgamento da suspensão preventiva, o advogado e seu defensor sairão cientes, sendo que o efeito da decisão é imediato, iniciando, inclusive, o prazo para recurso da referida decisão, que não possui efeito suspensivo.

A tramitação do processo de suspensão preventiva é prioritária, uma vez que deve ser julgado em até 90 dias, como já reiterado e indicado no Regimento Interno do Tribunal de Ética da OAB/SP, sob pena de perder a eficácia do próprio procedimento de suspensão preventiva.

> Art. 87. Encerrado o julgamento, os autos serão imediatamente encaminhados à turma disciplinar competente para instrução e julgamento de processo disciplinar, cujo prazo de encerramento é de 90 (noventa dias) em caso de suspensão preventiva e, por este motivo, terá prioridade sobre todos os demais processos.

Então, cabe deixar reforçado que estamos tratando de um procedimento cautelar, isto é, preventivo, que visa resguardar a imagem da advocacia em razão do comportamento exercido pelo advogado, que repercutiu de forma negativa junto à sociedade.

Competência para decidir sobre a suspensão preventiva

Já sabemos que o procedimento deve ser concluído em até 90 dias e que ele tem prioridade no andamento processual.

Porém, é importante reforçar que o processo cautelar de suspensão preventiva será julgado onde o advogado infrator tiver sua inscrição principal. Mas observe: o processo principal disciplinar sobre o tema – que gerou o processo cautelar acima – será julgado na Seccional e respectiva Turma onde o advogado tenha cometido a infração disciplinar.

Portanto, serão dois procedimentos, sendo um de suspensão preventiva e o outro visando a apuração da conduta, que pode gerar inclusive a exclusão do advogado dos quadros da OAB – os quais poderão tramitar, inclusive, em Seccionais distintas.

O Presidente da Turma Disciplinar da base territorial onde o advogado tenha sua inscrição principal – remeto à leitura do artigo 70, parágrafo 3°, do Estatuto da Advocacia – instaura o procedimento da medida cautelar de suspensão preventiva.

Quanto à Medida Cautelar, o Presidente da Turma imediatamente nomeia um Relator, que compõe a sua Turma, para analisar os documentos que acompanham o ofício e dar o seu voto sobre a suspensão ou não da medida preventiva.

Enquanto isso, o advogado representado é intimado pela Secretaria da Turma Disciplinar para comparecer em audiência designada em, no máximo, 15 dias, onde será ouvido em sessão especial, nos termos do artigo 70, § 3º, do Estatuto da Advocacia e da OAB, Lei Federal n. 8.906/94, ocasião em que lhe serão facultadas a apresentação de defesa, a produção de provas e a sustentação oral, restritas à questão do cabimento, ou não, da suspensão preventiva – vide artigo 63 do Código de Ética e Disciplina.

No dia da sessão especial, o relator irá ler seu voto, o advogado sustentará suas razões e, em seguida, o Presidente da Turma irá colher o voto dos demais relatores, que poderão votar pela aplicação da sanção disciplinar de suspensão preventiva.

O advogado sai intimado da decisão, ciente de que o prazo recursal para impugnação é de 15 (quinze) dias, a contar da audiência, e que no mesmo prazo de 15 (quinze) dias deverá ser apresentada a defesa prévia quanto aos fatos que lhe foram imputados, devendo estar acompanhada de todos os documentos e do rol de testemunhas, até o máximo de 5 (cinco).

O processo deve ser julgado em até 90 dias pela Turma Julgadora, sendo que, do acórdão, poderá o advogado infrator recorrer, mas o recurso não terá efeito suspensivo.

O prazo de tramitação e conclusão da medida cautelar, como dissemos, é de 90 dias – vide § 3º do artigo 70 do Estatuto da Advocacia.

Embora o Estatuto da Advocacia não indique o tempo da pena de suspensão do exercício profissional da medida cautelar, a interpretação é aquela similar ao tempo de duração do próprio procedimento, ou seja, de 90 dias.

A medida preventiva é imediata, com repercussão atual. Não se deve julgar medida de suspensão preventiva se os fatos ocorreram há mais de um ano.

Da repercussão prejudicial à dignidade da advocacia

O advogado cuja conduta tenha causado repercussão prejudicial à dignidade da advocacia poderá ser suspenso preventivamente do exercício da profissão, conforme acima citado.

Para que isso ocorra, é necessária a instauração de um Processo Disciplinar para tal finalidade, em que o advogado será notificado para apresentar sua defesa.

O Processo Disciplinar deverá ser encerrado no prazo máximo de 90 dias, sob pena de revogação da suspensão preventiva – informação esta importante para o leitor.

Quando o dispositivo trata de "*repercussão prejudicial à dignidade da advocacia*", poderá ser a prática de determinado crime, noticiado na imprensa.

O Tribunal de Ética poderá instaurar a representação, inclusive de ofício, tendo como fonte de início de prova a notícia veiculada nas redes sociais, nos jornais e/ou na televisão.

O que se visa proteger é a dignidade da advocacia, daí ser o procedimento célere, tanto que o recurso da decisão do Tribunal de Ética, excepcionalmente neste caso, não possui efeito suspensivo, portanto, o advogado é suspenso desde logo.

É claro que, dependendo da situação, ele pode se valer de medida judicial para tentar suspender essa decisão.

O advogado deve ser merecedor de respeito, tanto em sua vida privada como, muito mais, em sua vida pública, que repercute diretamente em seu mister como advogado.

Para caracterizar a infração a ensejar a causa suspensiva, de forma liminar, do exercício da advocacia (suspensão pelo prazo de 90 dias, conforme já esclarecemos), é necessária a comprovação de que o advogado agiu em desacordo com os ditames éticos, ou seja, ofendendo o mandamento do Estatuto da Advocacia e do Código de Ética, bem como tenha gerado uma repercussão ruim à imagem da própria advocacia.

Acredito que para você, leitor, de um modo geral, a possibilidade de um advogado ser suspenso, de forma preventiva, do exercício profissional ficou mais esclarecida. E que, independentemente do processo cautelar, que deve ser concluído em até 90 dias, ainda há o processo principal, que terá como objetivo a exclusão do advogado dos quadros da OAB ou até mesmo sua suspensão do exercício profissional, que, quando aplicada neste caso, certamente irá descontar o que já foi cumprido em eventual aplicação de pena do processo de suspensão preventiva cautelar.

Ou seja, a penalidade aplicada no processo principal deverá excluir o lapso temporal eventualmente cumprido no processo de suspensão preventiva, caso não seja caso de exclusão do advogado.

– TEXTO VII –

A Exclusão do Advogado dos Quadros da OAB

Os processos que visam excluir os advogados dos quadros da OAB e que foram distribuídos a partir de 19 de março de 2019, ou que ainda não foram instruídos a partir da referida data, serão julgados por uma das Turmas do Tribunal de Ética e Disciplina e, em grau de recurso, pelo Conselho Seccional Estadual, de acordo com o teor da Súmula 08/2019/COP.

> PROCESSO DE EXCLUSÃO – INSTRUÇÃO E JULGAMENTO. Compete exclusivamente ao Pleno do Conselho Seccional o julgamento dos processos de exclusão, mediante a manifestação favorável de dois terços de seus membros, após a necessária instrução e julgamento dos referidos processos perante o Tribunal de Ética e Disciplina (art. 38, parágrafo único c.c art. 70, § 1°, ambos da Lei 8.906/94 – Estatuto da Advocacia da OAB)
>
> Súmula 08/2019/COP

Para aqueles que leram a primeira versão deste tema, disponível no meu site[5], datada de agosto de 2018, lembrem-se de que estão valendo os apontamentos doutrinários ali citados até 19 de março de 2019, conforme decisão dos Embargos de Declaração interpostos na Proposição de n. 49.000.2016.011884-1/COP, com a seguinte ementa:

> EMENTA N. 011/2019/COP. EMBARGOS DECLARATÓRIOS. SÚMULA n. 08/2019/COP. PROCESSOS DE EXCLUSÃO. OMISSÃO NO JULGADO. Embargos acolhidos em parte. 1) A data da vigência da Súmula n. 08/2019/COP será o dia 19 de março de 2019, devendo os processos já instruídos e conclusos para julgamento, até essa data, seguir a disciplina anteriormente presente na Súmula 07/2016/OEP. 2) Na hipótese de absolvição nos processos de exclusão, não haverá recurso de ofício, ficando a reforma da decisão condicionada a recurso ao Pleno da Seccional, que apenas aplicará a penalidade de exclusão mediante votação de dois terços de seus membros. 3) O teor da Súmula 08/2019/COP abrange processos instruídos perante as subsecções e homologados pelos respectivos Conselhos nos termos do §3° do art. 120 do Regulamento Geral.

Ou seja, processos de exclusão do advogado dos quadros da OAB, instruídos e já conclusos para o Relator, encaminhados para julgamento até 19 de março de

5. http://www.vicentevieirasoltanovitch.adv.br

2019, serão julgados diretamente em sessão do Pleno do Conselho Seccional e não pelo Tribunal de Ética (leia-se, primeira instância), conforme a Súmula 7/2016 do OEP.

> Processo de exclusão – instrução e julgamento. Compete exclusivamente ao Conselho Seccional a instrução e julgamento dos processos de exclusão, mediante necessária manifestação favorável de dois terços dos seus membros (art. 38, parágrafo único, Lei n. 8.906/94).

Em resumo, os processos instruídos e conclusos até 19 de março de 2019 não terão o mesmo princípio constitucional do contraditório e da ampla defesa, ou seja, julgamento pela Turma Disciplinar e depois pelo Conselho Seccional e, quiçá, pelo Conselho Federal.

Os processos disciplinares serão apenas julgados pelos Conselheiros Seccionais em uma única instância, podendo a parte recorrer ao Conselho Federal, se for o caso, ou seja, se preenchidos os requisitos legais.

A determinação da Súmula 08/2019/COP, para que os processos de exclusão sejam julgados pela Turma Disciplinar e depois pelo Conselho Seccional, somente ocorreu porque a Segunda Câmara do Conselho Federal da OAB propôs uma revisão de decisão do Órgão Especial sobre o trâmite dos procedimentos disciplinares que versam exclusivamente sobre a exclusão do advogado dos quadros da OAB, ou seja, a sanção com efeito de expulsá-lo e, portanto, proibi-lo de exercer a advocacia.

Esta revisão levou o número de Proposição 49.000.2016.011884-1/COP e foi julgada no mês de março de 2019, alterando completamente o entendimento sobre o trâmite e o julgamento dos processos de exclusão.

Necessário esclarecer que a sanção disciplinar de exclusão de um advogado dos quadros da OAB somente ocorrerá após lhe serem concedidos o contraditório e a ampla defesa do Processo Disciplinar, pois, conforme dispõe o artigo 68 do Estatuto da Advocacia:

> Art. 68. Salvo disposição em contrário, aplicam-se subsidiariamente ao processo disciplinar as regras da legislação processual penal comum e, aos demais processos, as regras gerais do procedimento administrativo comum e da legislação processual civil, nessa ordem.

O processo disciplinar cuja sanção é de exclusão tem tramitação própria e a competência para instruí-lo e julgá-lo, a partir de 19 de março de 2019, é da Turma Disciplinar em cuja base territorial tenha ocorrido a infração (artigo 70 do EAOAB).

De qualquer forma, apenas o Pleno do Conselho Seccional, ou seja, apenas Conselheiros da OAB são competentes para excluir o advogado dos quadros da Ordem, isto é, mesmo que instruída e julgada por uma das Turmas Disciplinares, a pena de exclusão somente surtirá efeito após ser julgada, ainda que por recurso de ofício, pelo Pleno do Conselho Seccional.

O recurso de ofício pode ser determinado pelo próprio Presidente da Turma, já que somente o Pleno do Conselho Seccional Estadual pode aplicar a pena de exclusão dos quadros da OAB, ou seja, ainda que a Turma Disciplinar entenda pela exclusão e o advogado não recorra da decisão, os autos deverão ser remetidos ao Pleno do Conselho Seccional Estadual para julgamento.

Pena de exclusão

A exclusão é a sanção disciplinar indicada no inciso III do artigo 35 do Estatuto da Advocacia – Lei Federal n. 8.906/94 –, a qual acarreta ao advogado sua expulsão dos quadros da OAB – Ordem dos Advogados do Brasil, em todo o território nacional, ficando proibido de exercer a advocacia.

> Art. 35. As sanções disciplinares consistem em:
> I - censura;
> II - suspensão;
> III - exclusão;
> IV - multa.

Isto é, o advogado tem sua inscrição cancelada, nos termos do artigo 11, inciso II do Estatuto da Advocacia.

> Artigo 11 – Cancela-se a inscrição do profissional que:
>
> II – sofrer a penalidade de exclusão

Para o advogado sofrer a sanção disciplinar de EXCLUSÃO, o processo disciplinar terá de tramitar nos termos do artigo 38 do Estatuto da Advocacia:

Estaremos analisando cada caso nos capítulos a seguir.

Exclusão pelo artigo 38, I, do Estatuto da Advocacia

Vamos analisar a hipótese da ocorrência da exclusão do advogado dos quadros da OAB por possuir três penas de suspensão transitadas em julgado.

> Art. 38. A exclusão é aplicável nos casos de:
>
> I - aplicação, por três vezes, de suspensão;

Conforme foi afirmado anteriormente, as referidas sanções de suspensão do exercício profissional devem estar todas transitadas em julgado, e não importa quando ocorreu o seu trânsito em julgado.

Com o trânsito em julgado do terceiro processo disciplinar, tendo sido aplicada a pena de suspensão do exercício profissional, já se instaura um novo processo visando a exclusão do advogado dos quadros da OAB.

Como o critério é objetivo, não importa o mérito dos processos disciplinares que ensejaram a aplicação da sanção disciplinar de suspensão do exercício profissional, uma vez que o artigo 38, I, do Estatuto determina que a pena de exclusão é aplicada em caso de ocorrência de três penas de suspensão.

Porém, se um dos processos disciplinares com pena de suspensão do exercício profissional, e que integre o processo visando a exclusão do advogado (artigo 38, I, do Estatuto da Advocacia), estiver pendente de reabilitação, poderá ocorrer até mesmo a suspensão do andamento do processo de exclusão ou a ausência de requisitos legais para sua manutenção. Observem o motivo:

> Art. 41. É permitido ao que tenha sofrido qualquer sanção disciplinar requerer, um ano após seu cumprimento, a reabilitação, em face de provas efetivas de bom comportamento.
>
> Parágrafo único. Quando a sanção disciplinar resultar da prática de crime, o pedido de reabilitação depende também da correspondente reabilitação criminal.

Isto porque poderá tornar imprestável o processo de exclusão, já que uma das penas de suspensão do exercício profissional poderá estar sendo discutida em sede de processo de reabilitação.

Cabe aqui ressaltar que o processo de reabilitação tramita com os mesmos procedimentos de um processo disciplinar, uma vez que cabe ao interessado trazer as provas necessárias de bom comportamento, exigindo-se, inclusive, que não haja mais nenhum processo disciplinar contra si.

Exclusão pelo artigo 38, II: inciso XXVI, do Estatuto da Advocacia

Conforme dispõe o artigo 38 do Estatuto da Advocacia:

> Artigo 38 – A exclusão é aplicável nos casos de:
>
> XXVI - fazer falsa prova de qualquer dos requisitos para inscrição na OAB;

Após ser aprovado no exame da OAB, o advogado preenche uma ficha de inscrição, em que deverá declarar se respondeu ou responde a algum processo criminal.

Em caso positivo, deve juntar certidão de objeto e pé para que a Comissão de Seleção e Inscrição, após analisar a documentação, defira ou não sua inscrição.

No entanto, caso o bacharel, ao fazer sua inscrição, omita tal informação, recebendo sua habilitação profissional – leia-se, carteira da OAB –, poderá ser denunciado por qualquer pessoa por ter feito falsa prova de qualquer dos requisitos do artigo 8º, § 3º e § 4º, do Estatuto da Advocacia, sendo instaurado contra ele processo de exclusão.

O disposto no artigo 8º tem a seguinte redação:

> Art. 8º. Para inscrição como advogado é necessário:
>
> ...

VI - idoneidade moral;

...

§ 3º A inidoneidade moral, suscitada por qualquer pessoa, deve ser declarada mediante decisão que obtenha no mínimo dois terços dos votos de todos os membros do conselho competente, em procedimento que observe os termos do processo disciplinar.

§ 4º Não atende ao requisito de idoneidade moral aquele que tiver sido condenado por crime infamante, salvo reabilitação judicial.

Referido processo também tramita pela Turma Disciplinar, mas a regra continua a mesma, ou seja, a decisão final de exclusão compete ao Conselho Seccional.

Exclusão pelo artigo 38, II: inciso XXVII, do Estatuto da Advocacia

Este inciso diz respeito ao advogado que responde a processo disciplinar de exclusão por tornar-se moralmente inidôneo para o exercício da advocacia.

Artigo 38 – A exclusão é aplicável nos casos de:

...

> XXVII - tornar-se moralmente inidôneo para o exercício da advocacia;

Como a regra a ser seguida é da Súmula 08/2019/COP, o processo continua a tramitar pela Turma Disciplinar, caso ainda não tenha sido instruído – conforme já esclarecido.

Ressalte-se – e será repetido diversas vezes – que a aplicação da pena de exclusão do advogado dos quadros da OAB somente poderá ocorrer com a decisão do Pleno do Conselho Seccional em grau de recurso, ainda que de ofício.

A seguir, alguns exemplos de inidoneidade moral, conforme súmulas do Conselho Federal:

Vide Súmula 09/2019/COP:

> CONSELHO PLENO SÚMULA N. 09/2019/COP (DEOAB, 21/03/2019, p. 3)
> O CONSELHO PLENO DO CONSELHO FEDERAL DA ORDEM DOS ADVOGADOS DO BRASIL, no uso das atribuições que lhe são conferidas nos arts. 75, parágrafo único, e 86 do Regulamento Geral da Lei nº 8.906/94, considerando o julgamento da Proposição n. 49.0000.2019.002283-2/COP, decidiu, na Sessão Ordinária realizada no dia 18 de março de 2019, editar a Súmula n. 09/2019/COP, com o seguinte enunciado: INIDONEIDADE MORAL. VIOLÊNCIA CONTRA A MULHER. ANÁLISE DO CONSELHO SECCIONAL DA OAB. Requisitos para a inscrição nos quadros da Ordem dos Advogados do Brasil. Inidoneidade moral. A prática de violência contra a mulher, assim definida

na "Convenção Interamericana para Prevenir, Punir e Erradicar a Violência contra a Mulher – 'Convenção de Belém do Pará' (1994)", constitui fator apto a demonstrar a ausência de idoneidade moral para a inscrição de bacharel em Direito nos quadros da OAB, independente da instância criminal, assegurado ao Conselho Seccional a análise de cada caso concreto.

Vide Súmula 10/2019/COP:

CONSELHO PLENO SÚMULA N. 10/2019/COP (DEOAB, 21/03/2019, pp. 3/4)
O CONSELHO PLENO DO CONSELHO FEDERAL DA ORDEM DOS ADVOGADOS DO BRASIL, no uso das atribuições que lhe são conferidas nos arts. 75, parágrafo único, e 86 do Regulamento Geral da Lei nº 8.906/94, considerando o julgamento da Proposição n. 49.0000.2019.002283-2/COP, decidiu, na Sessão Ordinária realizada no dia 18 de março de 2019, editar a Súmula n. 10/2019/COP, com o seguinte enunciado: INIDONEIDADE MORAL. VIOLÊNCIA CONTRA CRIANÇAS E ADOLESCENTES, IDOSOS E PESSOAS COM DEFICIÊNCIA FÍSICA OU MENTAL. ANÁLISE DO CONSELHO SECCIONAL DA OAB. Requisitos para a inscrição nos quadros da Ordem dos Advogados do Brasil. Inidoneidade moral. A prática de violência contra crianças e adolescentes, idosos e pessoas com deficiência física ou mental constitui fator apto a demonstrar a ausência de idonei-

> dade moral para a inscrição de bacharel em Direito nos quadros da OAB, independente da instância criminal, assegurado ao Conselho Seccional a análise de cada caso concreto.

Exclusão pelo artigo 38, II: inciso XXVIII do Estatuto da Advocacia

O processo disciplinar visando a pena de exclusão do advogado por praticar crime infamante pode decorrer do resultado advindo de um processo criminal transitado em julgado.

> Artigo 38 – A exclusão é aplicável nos casos de:
> ...
> XXVIII - praticar crime infamante;

O que se discute é a definição de crime infamante. Porém, ultrapassada esta fase, a exclusão do advogado é consequência.

Decisão do pleno do Conselho pela exclusão do advogado

Decerto, conforme mencionamos alhures, após a Súmula 08/2019/COP, com vigência a partir de 19 de março de 2019, a instrução e o julgamento dos processos disciplinares acontecem na Turma Disciplinar.

Recurso da decisão do Conselho Seccional pela exclusão do advogado

Da decisão que resulta na exclusão do advogado dos quadros da OAB, cabe recurso ao Conselho Federal.

> Art. 75. Cabe recurso ao Conselho Federal de todas as decisões definitivas proferidas pelo Conselho Seccional, quando não tenham sido unânimes ou, sendo unânimes, contrariem esta lei, decisão do Conselho Federal ou de outro Conselho Seccional e, ainda, o regulamento geral, o Código de Ética e Disciplina e os Provimentos.

Necessário explicar que todo e qualquer recurso, seja para a Câmara Recursal ou para o Conselho Federal, deverá ser bem elaborado, impugnativo e não mera repetição do que foi indicado nas defesas ou razões finais protocoladas em primeira instância.

– TEXTO VIII –

Revisão de Julgamento

Na legislação civil, há a possibilidade de se ingressar com Ação Rescisória quando há algum erro capaz de desconstituir a decisão anterior já transitada em julgado, conforme leitura dos artigos 966 a 975 do Código de Processo Civil.

O Estatuto da Advocacia, por sua vez, confere ao advogado a possibilidade de ingressar com Revisão de Julgamento, conforme dispõe o § 5º do artigo 73 do Estatuto:

> Art. 73. Recebida a representação, o Presidente deve designar relator, a quem compete a instrução do processo e o oferecimento de parecer preliminar a ser submetido ao Tribunal de Ética e Disciplina.
>
> ...
>
> § 5º É também permitida a revisão do processo disciplinar, por erro de julgamento ou por condenação baseada em falsa prova.

O Código de Ética determina:

> Art. 68. Cabe revisão do processo disciplinar, na forma prevista no Estatuto da Advocacia e da Ordem dos Advogados do Brasil (art. 73, § 5º).
>
> § 1º Tem legitimidade para requerer a revisão o advogado punido com a sanção disciplinar.
> § 2º A competência para processar e julgar o processo de revisão é do órgão de que emanou a condenação final.
> § 3º Quando o órgão competente for o Conselho Federal, a revisão processar-se-á perante a Segunda Câmara, reunida em sessão plenária.
> § 4º Observar-se-á, na revisão, o procedimento do processo disciplinar, no que couber.
> § 5º O pedido de revisão terá autuação própria, devendo os autos respectivos ser apensados aos do processo disciplinar a que se refira.
> § 6º O pedido de revisão não suspende os efeitos da decisão condenatória, salvo quando o relator, ante a relevância dos fundamentos e o risco de consequências irreparáveis para o requerente, conceder tutela cautelar para que se suspenda a execução.
> § 7º A parte representante somente será notificada para integrar o processo de revisão quando o relator entender que deste poderá resultar dano ao interesse jurídico que haja motivado a representação.

Embora o Estatuto não indique se há prazo decadencial para o pedido de Revisão de Julgamento, o critério é objetivo, ou seja, quando há "erro de julgamento" ou "condenação baseada em falsa prova", podendo ser protocolado pelo advogado a qualquer tempo, conforme o artigo 91 do Regimento Interno do Tribunal de Ética da OAB/SP:

> Art. 91. A revisão de processo disciplinar findo poderá ser pedida a qualquer tempo, ainda que a pena já esteja extinta.
>
> Parágrafo único. Não se admitirá reiteração do pedido, salvo se fundada em novas provas.

Liminar no pedido de revisão de julgamento

O artigo 92 do Regimento Interno do Tribunal de Ética da OAB/SP permite ao relator, ao apreciar o pedido de Revisão de Julgamento, a concessão da liminar para suspender os efeitos da decisão condenatória, caso tenha indícios de que a decisão possa causar danos irreparáveis ao advogado.

> Art. 92. A competência para processar e julgar o processo de revisão é do Órgão da OAB que proferiu decisão final transitada em julgado.
>
> ...

> § 3º. O pedido de revisão não suspende os efeitos da decisão condenatória, salvo quando o relator, ante a relevância dos fundamentos e o risco de consequências irreparáveis para o requerente, conceder tutela cautelar neste sentido.

Mas lembre-se de que a PROVA do dano deverá ser feita pelo advogado quando do pedido de concessão de liminar.

Pedido de revisão não é recurso

Não há que se confundir o pedido de Revisão com o inconformismo do julgamento. Para este, há recurso cabível.

Também não há como tentar desclassificar os relatores que participaram do julgamento como fundamento na Revisão de Julgamento, sob a argumentação de que isto acarretaria erro de julgamento.

Havia uma época em que, em razão do teor do Regulamento Geral da OAB, apenas conselheiros podiam integrar a Câmara Recursal. Com isto, tentou-se anular diversos julgamentos recursais.

Porém, o Conselho Federal se pronunciou no seguinte sentido, através da Súmula 01/2007- OEP:

> O Órgão Especial do Conselho Pleno do Conselho Federal da Ordem dos Advogados do Brasil, no uso das atribuições conferidas pelo art. 86 do Regulamento

> Geral da Lei n. 8.906/94, considerando o julgamento dos processos 2007.29.03302-01, 2007.29.03203-01, 2007.29.03297-01, 2007.29.03335-01, 2007.29.03204-01, 2007.29.03336-01 e 2007.29.03199-01, decidiu, por unanimidade de votos, em sessão ordinária realizada no dia 05 de novembro de 2007, editar a Súmula n. 01/2007, com o seguinte enunciado: "NULIDADE. MATÉRIA ÉTICO-DISCIPLINAR. ÓRGÃO JULGADOR." Inexiste nulidade no julgamento de recurso em matéria ético-disciplinar realizado por órgão composto por advogado não-Conselheiro, designado nos termos do Regimento Interno do Conselho Seccional.

Quanto aos conselheiros suplentes, também há decisão neste sentido:

> RECURSO N. 49.0000.2015.008842-1/SCA-PTU-ED. Embte: G.A.B.F. (Adv: Milton Fontes OAB/SP 132617). Embdo: Acórdão de fls. 231/235. Recte: G.A.B.F. (Adv: Milton Fontes OAB/SP 132617). Recdo: Conselho Seccional da OAB/São Paulo. Relator: Conselheiro Federal João Paulo Setti Aguiar (AC). EMENTA N. 117/2016/SCA-PTU. Embargos de declaração. Omissão. Acolhimento. 1) Não importa nulidade de julgamento a participação de membros suplentes, visto que, ao tomarem posse, são Conselheiros Seccionais nas mesmas condições que os Conselheiros titulares dos mandatos. 2) O pedido de revisão não

> possui efeito suspensivo, e, por isso, não impõe o sobrestamento de processo de exclusão instaurado na forma do artigo 38, I, do EAOAB. 3) Embargos de declaração acolhidos, para sanar as omissões apontadas. Acórdão: Vistos, relatados e discutidos os autos do processo em referência, acordam os membros da Primeira Turma da Segunda Câmara do Conselho Federal da Ordem dos Advogados do Brasil, observado o quorum exigido no art. 92 do Regulamento Geral, por unanimidade, em acolher os embargos de declaração, nos termos do voto do Relator. Brasília, 17 de outubro de 2016. Carlos Roberto Siqueira Castro, Presidente. João Paulo Setti Aguiar, Relator. (DOU, S.1, 21.10.2016, p. 503)

O fundamento para o pedido de revisão, com base em erro de julgamento, pode estar na:

(i) ausência de provas;

(ii) ausência de fundamento quando da aplicação da pena;

(iii) inaplicabilidade correta da dosimetria da pena;

(iv) por matéria de ordem pública, como por exemplo, a prescrição.

Segundo o entendimento do Conselho Federal, o erro de julgamento pode estar caracterizado na (i) ausência de provas que configurassem a conduta; (ii) pela falta de fundamentação na aplicação da pena; (iii) pela inaplicabilidade correta da dosimetria da pena, (iv) por matéria de ordem pública, que deveria ter sido reconhecida de ofício.

Quanto à competência para julgar a revisão

A competência, conforme o artigo 68 do Código de Ética, é do órgão que emanou a condenação final:

> Art. 68. Cabe revisão do processo disciplinar, na forma prevista no Estatuto da Advocacia e da Ordem dos Advogados do Brasil (art. 73, § 5º).
> ...
> § 2º A competência para processar e julgar o processo de revisão é do órgão de que emanou a condenação final.
> § 3º Quando o órgão competente for o Conselho Federal, a revisão processar-se-á perante a Segunda Câmara, reunida em sessão plenária.

Isto significa que a competência é da Câmara Recursal, se foi o recurso ali julgado, ou de uma das Turmas do Tribunal de Ética, caso a decisão final não recorrida tenha sido por ela emanada.

Pois bem. Tanto a Câmara Recursal quanto o Tribunal de Ética são divididos em Turmas, daí o questionamento se o pedido de Revisão pode ser distribuído livremente ou a Turma ou Câmara X é que fica preventa.

O Conselho Federal, por sua vez, entendeu que a Câmara ou a Turma que julgou é que fica preventa.

Portanto, é importante o requerente, ao interpor o referido pedido de Revisão de Julgamento, já anotar, em preliminar, a Turma ou a Câmara preventa para o referido julgamento.

– TEXTO IX –

Reabilitação

Muitas vezes, o advogado é condenado a uma pena disciplinar e, mesmo depois de transcorrido um ano de seu cumprimento ou do trânsito em julgado, se esquece de pedir que a sanção que lhe foi aplicada seja retirada de sua ficha de antecedentes.

Como você verá ao longo deste texto, o pedido de reabilitação tem requisitos próprios, mas é de suma importância o conhecimento de seu procedimento e de suas consequências.

A disciplina da reabilitação está anotada nos seguintes artigos:

(i) artigo 41 do Estatuto da Advocacia:

> Artigo 41 – É permitido ao que tenha sofrido qualquer sanção disciplinar requerer, um ano após seu cumprimento, a reabilitação, em face de provas efetivas de bom comportamento.
>
> Parágrafo único – Quando a sanção disciplinar resultar da prática de crime, o pedido de reabilitação depende também de correspondente reabilitação criminal.

(ii) artigo 69 do Código de Ética:

Art. 69. O advogado que tenha sofrido sanção disciplinar poderá requerer reabilitação, no prazo e nas condições previstos no Estatuto da Advocacia e da Ordem dos Advogados do Brasil (art. 41).

§ 1º A competência para processar e julgar o pedido de reabilitação é do Conselho Seccional em que tenha sido aplicada a sanção disciplinar. Nos casos de competência originária do Conselho Federal, perante este tramitará o pedido de reabilitação.
§ 2º Observar-se-á, no pedido de reabilitação, o procedimento do processo disciplinar, no que couber.
§ 3º O pedido de reabilitação terá autuação própria, devendo os autos respectivos ser apensados aos do processo disciplinar a que se refira.
§ 4º O pedido de reabilitação será instruído com provas de bom comportamento, no exercício da advocacia e na vida social, cumprindo à Secretaria do Conselho competente certificar, nos autos, o efetivo cumprimento da sanção disciplinar pelo requerente.
§ 5º Quando o pedido não estiver suficientemente instruído, o relator assinará prazo ao requerente para que complemente a documentação; não cumprida a determinação, o pedido será liminarmente arquivado.

(iii) artigo 97 e seguintes do Regimento Interno do Tribunal de Ética da Seccional Paulista[6]:

> Art. 97. É permitido ao inscrito que tenha sofrido qualquer sanção disciplinar requerer a reabilitação perante a Turma Disciplinar que o condenou, independentemente do Órgão da OAB em que a decisão condenatória tenha transitado em julgado, após 1 (um) ano do cumprimento da penalidade imposta.

Acredito que o advogado que somente tenha lido o Estatuto da Advocacia e o Código de Ética para prestar o exame da OAB, e depois não mais os estudou, não tenha ciência da oportunidade que a lei lhe confere de ingressar com o pedido de reabilitação.

Objetivo da reabilitação

Conforme determina o artigo 41 do Estatuto da Advocacia, é permitido ao advogado que tenha sofrido qualquer sanção disciplinar requerer, um ano após seu cumprimento, a reabilitação em face de provas efetivas de bom comportamento.

Não se trata de pedido de revisão de julgamento e sim de uma REABILITAÇÃO, que visa retirar da ficha

6. Deve o leitor ficar atento ao Regimento Interno do Tribunal de Ética de cada Seccional.

de antecedentes do advogado a anotação da sanção disciplinar que já foi cumprida, conforme determina o artigo 100 do Regimento Interno do Tribunal de Ética Paulista:

> Art. 100. Deferida a reabilitação, a condenação ou condenações reabilitadas não serão mencionadas na folha de antecedentes do reabilitado nem em certidão extraída dos livros.

Daí por que os requisitos são:

(i) a sanção disciplinar ter sido cumprida;

(ii) ter transcorrido um ano do seu cumprimento;

(iii) prova de bom comportamento.

Ainda que o advogado acredite que não irá cometer mais nenhuma infração disciplinar, o pedido de reabilitação julgado procedente o torna sem qualquer antecedente negativo, devendo ser excluída, inclusive de sua ficha de antecedentes éticos, a anotação da pena, conforme presente no artigo 100 do Regimento Interno do Tribunal de Ética da Seccional Paulista.

Cabe esclarecer que a reabilitação não é extinção de punibilidade, pois a sanção cumpriu seus efeitos. A reabilitação visa – como o próprio nome diz – reabilitar o infrator ao convívio da advocacia, dando por "quitada" a sua pena, para que não seja mais levada em consideração, caso venha o advogado a sofrer outra sanção disciplinar.

> A penalidade disciplinar atingida pela reabilitação, de que cuida o artigo 41 do Estatuto, deixa de existir, para todos os efeitos, nos antecedentes do advogado. (Proc. 2.161/2000/SCA-SP, Rel. Sergio Ferraz (AC), Ementa 085/2000/SCA, julgamento: 17.10.2000, por unanimidade, DJ 03.11.2000, p. 64, S1e)

E a reabilitação somente é aplicada para o advogado inscrito na OAB, pois, para os que não estejam mais inscritos, a medida cabível é o pedido de Reinscrição.

Tramitação

A disciplina da tramitação do processo de reabilitação está no artigo 69 do Código de Ética, com a seguinte redação:

> Art. 69. O advogado que tenha sofrido sanção disciplinar poderá requerer reabilitação, no prazo e nas condições previstos no Estatuto da Advocacia e da Ordem dos Advogados do Brasil (art. 41).
>
> § 1º A competência para processar e julgar o pedido de reabilitação é do Conselho Seccional em que tenha sido aplicada a sanção disciplinar. Nos casos de competência originária do Conselho Federal, pe-

> rante este tramitará o pedido de reabilitação.
>
> § 2º Observar-se-á, no pedido de reabi-litação, o procedimento do processo disciplinar, no que couber.
>
> § 3º O pedido de reabilitação terá autuação própria, devendo os autos respectivos ser apensados aos do processo disciplinar a que se refira.
>
> § 4º O pedido de reabilitação será instruído com provas de bom comportamento, no exercício da advocacia e na vida social, cumprindo à Secretaria do Conselho competente certificar, nos autos, o efetivo cumprimento da sanção disciplinar pelo requerente.
>
> § 5º Quando o pedido não estiver suficientemente instruído, o relator assinará prazo ao requerente para que complemente a documentação; não cumprida a determinação, o pedido será liminarmente arquivado.

Primeiramente, o advogado que pretenda ter acolhida sua reabilitação deverá ficar atento aos requisitos da sua petição:

(i) cumprimento da pena;

(ii) o trânsito em julgado da sanção disciplinar de que pretende ser reabilitado;

(iii) tenha transcorrido 1 (um) ano de seu cumprimento;

(iv) apresentar bom comportamento, ou seja, não ter sofrido nenhuma outra sanção disciplinar;

(v) Apresentar certidão de antecedentes éticos disciplinares;

(vi) apresentar Certidão de antecedentes criminais;

(vii) recomenda-se juntar certidões negativas da Justiça Estadual e Federal, demonstrando a ausência de prática de crimes ou de ações judiciais na qualidade de réu;

(viii) apresentar declarações de colegas e de convívio pessoal de seu bom comportamento.

Caso a infração disciplinar tenha sido aplicada em decorrência da prática de crime, necessariamente o advogado deverá comprovar sua reabilitação criminal.

O protocolo da petição instruída deve ser dirigido, por dependência, para a mesma Turma Disciplinar que aplicou a pena, ou seja, a competência para processar e julgar o pedido de reabilitação, diz o artigo 69 do Código de Ética, é do Conselho Seccional em que tenha sido aplicada a sanção disciplinar.

O artigo 8º do Regimento do Tribunal de Ética Paulista – compete ao leitor observar o Regimento Interno de sua Seccional – dispõe sobre a competência das Turmas Disciplinares:

> Art. 8º. Compete às demais Turmas, designadas Disciplinares:
> VI – processar e julgar pedido de reabilitação nos processos de sua competência.

– TEXTO X –

Então são Elas, as Tutelas

Para finalizar este livro, necessário informar ao leitor da possibilidade de aplicação da tutela liminar em processo ético-disciplinar para suspender o cumprimento imediato de uma decisão prejudicial ao advogado, como sua suspensão do exercício profissional ou a tramitação do processo de exclusão, quando há relevantes motivos para tanto.

Para àqueles acostumados no estudo ou então na aplicação das referidas medidas, vale a pena transportar a experiência dos seus fundamentos para as questões que envolvem o processo ético-disciplinar.

Entretanto, para o processo disciplinar, há legislação própria para sua aplicação:

O Regulamento Geral da OAB, em seu artigo 144-C disciplina:

> Art. 144-C. Fundamentado em razões de segurança jurídica ou de excepcional interesse social da OAB, poderá o órgão julgador recursal competente, por maioria de

> seus membros, restringir os efeitos da decisão ou decidir que esta só tenha eficácia a partir de seu trânsito em julgado ou de outro momento que venha a ser fixado.

Embora o regulamento não indique que pode ser concedida liminar de oficio, na leitura do texto acima, uma vez que há interesse social da OAB, parece-me razoável que, dependendo do caso concreto, esta possibilidade poderá ocorrer.

Observe também a possibilidade de cabimento de liminar em processo de revisão de julgamento.

O artigo 92 do Regimento Interno do Tribunal de Ética da OAB/SP permite ao relator, ao apreciar o pedido de revisão de julgamento, a concessão da liminar para suspender os efeitos da decisão condenatória, caso tenha indícios de que a decisão possa causar danos irreparáveis ao advogado.

> Art. 92. A competência para processar e julgar o processo de revisão é do Órgão da OAB que proferiu decisão final transitada em julgado.
>
> ...
>
> § 3º. O pedido de revisão não suspende os efeitos da decisão condenatória, salvo quando o relator, ante a relevância dos fundamentos e o risco de consequências irreparáveis para o requerente, conceder tutela cautelar neste sentido.

E a liminar está fundamentada no artigo 68, § 6º do Código de Ética:

> Art. 68. Cabe revisão do processo disciplinar, na forma prevista no Estatuto da Advocacia e da Ordem dos Advogados do Brasil (art. 73, § 5º).
>
> § 6º O pedido de revisão não suspende os efeitos da decisão condenatória, salvo quando o relator, ante a relevância dos fundamentos e o risco de consequências irreparáveis para o requerente, conceder tutela cautelar para que se suspenda a execução. (NR)19.

Portanto, há previsão de concessão da liminar, devendo o advogado requerente fazer prova da urgência e, principalmente, do prejuízo caso a pena seja já iniciada a sua execução.

Finalizamos este livro, mas já estamos preparando o seu 2º volume, para tratar de outros temas de interesse da advocacia.

Bibliografia

AZEVEDO, Flavio Olímpio. *Ética e Estatuto da Advocacia para o exame da OAB*. 2. ed. Belo Horizonte: Del-Rey, 2012.

BRASIL. Lei Nº 8.906, de 4 de julho de 1994. Dispõe sobre o Estatuto da Advocacia e a Ordem dos Advogados do Brasil (OAB). *Diário Oficial da União*, Brasília, ano 132, n. 126, 5 jul. 1994, p. 10093.

CARDELLA, Haroldo Paranhos; CREMASCO, José Antonio. *Ética profissional:* simplificado. São Paulo: SaraivaJur, 2012.

FARAH, Elias. *Ética profissional do advogado*. São Paulo: Juarez de Oliveira, 2003.

LEITE, Fabio Kalil Vilela (Coord.). *Ética aplicada à Advocacia*. São Paulo: FVLACJ, 2009.

LÔBO, Paulo Luiz Netto. *Comentários ao Estatuto da Advocacia e da OAB*. 3. ed. São Paulo: SaraivaJur, 2002.

ORDEM DOS ADVOGADOS DO BRASIL. Conselho Federal. Regulamento geral do Estatuto da Advocacia e da OAB. Dispõe sobre o Regulamento Geral previsto na Lei nº 8.906, de 04 de julho de 1994. *Diário de Justiça*, Brasília, seção 1, 16 nov. 1994, p. 31210.

ORDEM DOS ADVOGADOS DO BRASIL. Conselho Federal. Resolução 2/2015. Aprova o Código de Ética e Disciplina da Ordem dos Advogados do Brasil – OAB. *Diário Oficial da União*, Brasília, ano 152, n. 210, 4 nov. 2015, p. 77.

ORDEM DOS ADVOGADOS DO BRASIL. Seccional São Paulo. Regimento Interno do Tribunal de Ética e Disciplina do Conselho Seccional de São Paulo da Ordem dos Advogados do Brasil. Disponível em: https://www.oabsp.org.br/tribunal-de-etica-e-disciplina/regimento-interno/regimento-interno-ted-2019/. Acesso em: 8 mar. 2024.

SOLTANOVITCH, Renata (Org.); OYA, Norberto (Org.). *Aspectos disciplinares de ética no exercício da advocacia*. 2. ed. São Paulo: Letras Jurídicas, 2018.

- julgados do Conselho Federal da OAB;

- julgados da Turma Deontológica da OAB/SP.